香港地區史研究之三

粉　　嶺

主編　陳國成

［增訂版］

封面圖片　香港特別行政區政府提供
責任編輯　胡卿旋
封面設計　姚國豪
協力　　　寧礎鋒、姚國豪、麥繁桁

書名　　香港地區史研究之三——粉嶺（增訂版）
主編　　陳國成
著者　　劉效庭、招子明、陳蒨、Nicole Constable、游子安、陳國成
出版　　三聯書店（香港）有限公司
　　　　香港北角英皇道 499 號北角工業大廈 20 樓
　　　　Joint Publishing (H.K.) Co., Ltd.
　　　　20/F., North Point Industrial Building,
　　　　499 King's Road, North Point, Hong Kong
發行　　香港聯合書刊物流有限公司
　　　　香港新界大埔汀麗路 36 號 3 字樓
印刷　　美雅印刷製本有限公司
　　　　香港九龍觀塘榮業街 6 號 4 樓 A 室
版次　　2006 年 1 月香港第一版第一次印刷
　　　　2019 年 3 月香港增訂版第一次印刷
規格　　16 開（187 x 245mm）232 面
國際書號　ISBN 978-962-04-4447-0

©2006, 2019 Joint Publishing (H.K.) Co., Ltd.

Published & Printed in Hong Kong

三聯書店
http://jointpublishing.com

JPBooks.Plus
http://jpbooks.plus

目　錄

序 言

陳國成

　　粉嶺位於新界的東北部,與上水、打鼓嶺及沙頭角隸屬於 1979 年成立的北區行政區。粉嶺東連沙頭角,南望大埔,西北與上水毗鄰。有歷史記載,在 16 世紀初期(即明朝嘉靖年間),已有原籍江西吉水縣的鄧氏族人在當地的龍躍頭聚族而居,建立現有的五圍六村,並蓋建宗祠及廟宇。在 1997 年,政府與當地族人合作將該區發展為香港的第二條文物徑[1],展示歷史悠久的宗族圍村的聚落形態及傳統生活。除鄧族外,自潮州揭陽南下的彭族亦在現今的粉嶺樓、粉嶺圍和掃管埔定居。鄧彭二族聚族而居,建立了具規模及有系統的政治、經濟及社會組織和一系列的信仰與習俗,並藉此維持、鞏固、及加強族人之間的凝聚力及宗族傳統。新界有多個歷史悠久及具規模的單一姓氏宗族,計有:鄧族,主要分佈於元朗的屏山、廈村、錦田、大埔的大埔頭及粉嶺的龍躍頭;廖族,主要集中在上水;侯族,主要分佈於上水的金錢村;文族,主要集中在元朗的新田;彭族,主要分佈於粉嶺的粉嶺樓、粉嶺圍和掃管埔、大埔的汀角村;陶族,主要分佈於屯門。在粉嶺這個細小的地方,已有新界兩大宗族在當地開拓及發展,反映了該處無論在地理環境及天然資源均有其吸引的地方。

　　踏入 20 世紀,粉嶺的人口不斷增加,主要是南來的道侶、信奉基督的客家、以及眾多來自南海、番禺、順德等地的政治難民,他們為逃避中國當時的政治及社會動盪,不約而同地徙居於粉嶺。前二者先後在粉嶺的安樂村聚居,並建立及發展自己的宗教組織及場所。為人熟悉的有蓬瀛仙館、軒轅祖祠和崇謙堂。至於後者,他們散居各處,大多以較高的租金向本地的村民租耕農田,種植比傳統主要經濟作物—稻米—的產量及市場價格更高的蔬菜,而且在耕地上蓋搭臨時居所,最後形成了現有的雜姓村落。這批移民與原有的鄧彭兩族合共建立了 20 多條村落、不同類型的宗教建築與信仰、社會組織和生計方式,構成及發展粉嶺這個地區。值得留意的是,當新界於 1898 年租借給英國後,該兩族的後裔被政府賦予了"原居民"這個身份,在一些政策上享有特定的優惠,與在殖民管治後才遷入當地及其他地區的村民 / 居民形成了一個明顯的身份差異。

　　除了人口增加、不同的宗教組織及村落的建立,以及蔬菜種植的興起外,墟市的建立對粉嶺的發展扮演了十分重要的角色。在 1950 年代前,當地村民通常依靠鄰近的上水石湖墟、甚至是較遠的大埔墟和深圳墟來作買賣。直至二次大戰後,粉嶺才建有自己的墟市(名叫聯和墟),而且它是當時新界最具規模及有規劃的墟市。該墟是由當地一批紳商動員所屬村民集資興建的。它不單是粉嶺及其以東眾多村落的主要經濟集散地,它更是一些重要的社會組織、商會及鄉事政治組織的所在之處。

其後的二、三十年，伴隨香港社會的急速發展及變遷，以及粉嶺這個地區本身的發展歷程（如發展為新市鎮），它們對當地村落、墟市及村民均產生了很大的變化。這些變化，被視為發展的過程（process）或一部分，反映了粉嶺作為一個地區研究個案，它如何體現或透視外在的環境因素在地方歷史及身份認同的建構、地方建設和發展等方面所起的作用。

本書以專題研究形式，分析上述提及的發展、現象及其相關的概念（如宗族、原居民／非原居民、道教及民間信仰、傳統與現代、身份認同），以展現粉嶺這個擁有差不多500年歷史的地區的發展歷程及其意義，讓讀者對它有更深入的瞭解。

本書收錄了八篇以社會學、人類學、或歷史學角度撰寫的文章。首章由劉效庭執筆，從宏觀角度撰述粉嶺由明代以來的發展及所經歷的變化，先讓讀者對這個地區有一扼要、全觀性的認識。之後，陳蒨及招子明兩篇文章分別以粉嶺圍彭氏宗族及龍躍頭鄧氏宗族為研究對象。前者探討彭姓族人對在英國殖民管治下所建構的"原居民"這一身份的理解及如何運用它來確認、合理化、強化個人及集體利益和身份認同。後者分析鄧姓族人對"風水"、"祖先崇拜"及"父系繼嗣"等一些維繫宗族制度的傳統（觀念及系統）如何賦予新的意義，以建構另一傳統來適應不同環境的需要。

游子安及 Nicole Constable 的文章則以宗教發展的角度來剖析粉嶺這地區的特性。游子安的文章討論了 20 世紀初的粉嶺，常是南來道侶作為清修靜室或居停之所的選址，而從 1920 年代建立的三所祠觀（藏霞精舍、蓬瀛仙館及軒轅祖祠）可追述早年香港道教源流以及尊崇三教人士的活動。除道教外，一批崇拜基督的客家人亦同時開始在龍躍頭鄧族聚居地旁邊籌建以崇謙堂為名的教堂。Nicole Constable 探討了崇謙堂的建立，並分析這批當時無論在宗教上及在族群上均被視為邊緣（marginal）的一群客家人，他們如何表述對所屬宗教及族群的認同及理解。

除宗教外，當地的經濟發展亦是本書探討的一環。在討論粉嶺的商業貿易，墟市的建立及發展是一個不可不提的領域。陳國成以聯和墟的建立及發展為主題，探討墟市的籌建、營運及管理方式，以及在建墟後粉嶺在地方經濟及政治的角色的轉變。

接下來的一章，陳國成以另一個角度透視新界圍村女性的財產權益，嘗試指出在以父系繼承為宗族組織的傳統中，她們的地位如何因被賦予某種特定關係，而能夠合理地繼承一些家族財產或分享其收益。

在最後一章，陳國成再以專題形式對粉嶺當地的一些著名文物、風俗、建築及某些個別歷史事件加以介紹，為讀書提供更多的視野角度來進一步認識這個地區。

 註 釋

〔1〕第一條文物徑位於元朗屏山鄧族村落，乃於 1993 年設立。

劉效庭

第一章 粉嶺歷史的吉光片羽

粉嶺的歸屬

中國史上的"粉嶺"

"粉嶺"的地理位置和行政上的隸屬，這問題看似簡單，卻很難清晰界定。

翻開大中華歷史卷帙，"粉嶺"實不見經傳，史書更鮮有記載。直至清朝嘉慶二十四年（1819）編印的《新安縣志》才將"粉壁嶺"（粉嶺）編入卷二〈官富司管屬村莊〉的芸芸數百村落中一個不起眼的位置，地域界線則更欠奉。即使"香港"和"新安"（寶安）在正統中國史書上也不足觀，更遑論"粉嶺"了。

現今粉嶺所在地區（古時無"粉嶺"這一名詞）的行政隸屬歷代都劃分不一。到了近代則隨香港（古時無"香港"這一名詞）行政隸屬的變遷而變動。秦漢時（公元前214 至 221 年）屬南海郡番禺縣，番禺亦是漢初南越王國都城。三國時代屬吳的東官郡番禺縣，自東吳景帝永安七年（264）因置廣州，番禺屬州治。晉至隋（281 至 617），雖時有所改，但主要屬東官郡或南海郡番禺縣管轄。唐代初設廣州都督府寶安縣，"粉嶺"屬該縣。至德二年（757），寶安併入東莞，東莞縣隸屬廣州行政區域（或名都督府、興王府、路或承宣布政使司。其行政名稱不同，地域不變）。由於廣州在歷史上的地位，廣府語系也就成為嶺南地區的主流語系[1]。

明朝萬曆元年（1573），當局將東莞縣一分為二，南方部分包括今日香港地區的全部，均屬"新安縣"，縣治在南頭城。清初因之。

清初的廣東，狼煙四起。康熙元年（1662）遷海（界）令下，新安縣併入東莞，康熙八年（1669）復界，又重新設置新安縣治[2]。其間，"香港"地區的粉嶺，其歸屬

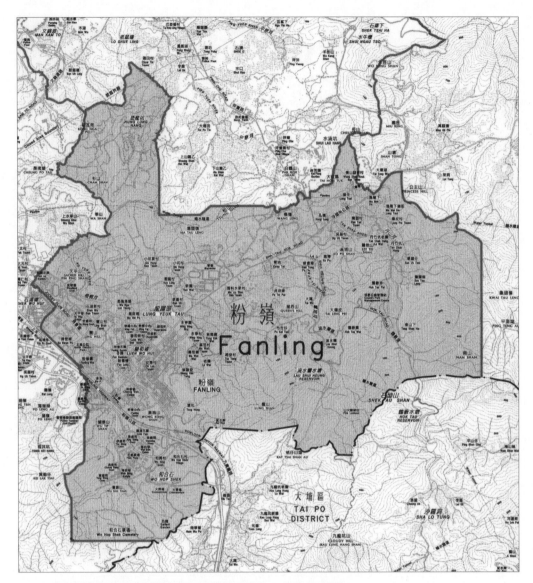

2003 年北區測量處圖則，可見現今粉嶺所包含的村落及其範圍。(北區地政署提供)

只能隨政權的反覆而反覆。在統治者心目中，新安縣只是一個無足觀、充斥叛逆、土匪、海盜的煙瘴之地。

英國殖民管治期

早期的統治

英國人以政治手段分三階段奪取了香港地區的管治權。"粉嶺"於 1898 年《展拓香港界址專條》的簽訂後，成為"新界"的一部分，一起割讓與英人。英人從沒料到"新界"人的反應，會如是激烈，亦沒計劃發展"新界"。粉嶺還是安靜地睡在統治中等待，雖然，粉嶺行政隸屬已改變，由新安縣改屬北約理民府（其後改稱大埔理民府）。大埔作為英人統治"新界"的中心地，始終是英政府關心和發展的重點，邊陲的粉嶺當然不可同日而語。英人的管治，直至 1941 年才被日軍打斷。日佔時期，粉嶺由上水區役所管治。

戰後的粉嶺

1945 年以後的發展，早在 1920 至 1940 年代已略見端倪。聯和墟的創建更是這時期發展的高潮，粉嶺終於崛起。1979 年北區從大埔分治，升格為全港 18 個地方行政區之一，粉嶺為北區的四大分區之一。這時的粉嶺，已非"粉壁嶺"了，亦從蠻瘴逐漸走向現代了。

今日粉嶺疆域

從 2003 年地政總署北區地政署北區測量處圖則所見，粉嶺東面包括橫山腳新村、馬尾下、馬尾下嶺咀、嶺皮村、南山等村（地）與沙頭角區為界；南面包括和合石、龍山、石坳山部分與大埔區為鄰；西面擁有蝴蝶山、粉嶺圍、掃管埔、天平山、彬山及缸瓦甫等村（地）與上水區為鄰。北面環抱恐龍坑、馬頭嶺、松山、橫嶺及大砍篤等地而成為打鼓嶺的鄰區。而整個粉嶺，則以粉嶺火車站和聯和墟為兩個商業中心，由此呈輻射形發展的新市鎮，和周邊的 28 條鄉村。人口已達 10 多萬，這就是今天的粉嶺。

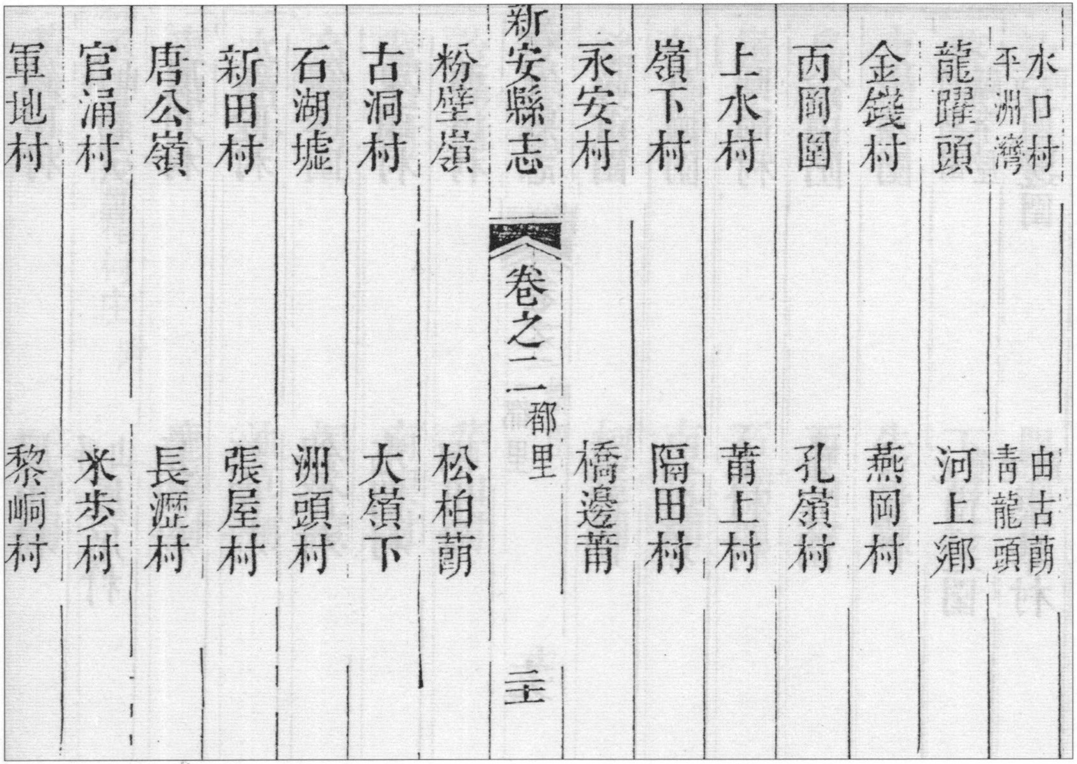

由古龍頭蓢

青背河上鄉	平輋 水湇 洲口 灣村 龍躍頭
燕岡村	金錢村
孔嶺村	丙岡圍
莆上村	上水村
隔田村	嶺下村
橋邊莆	禾安村

新安縣志　卷之二　都里

松柏蓢	粉壁嶺
大嶺下	古洞村
洲頭村	石湖墟
張屋村	新田村
長瀝村	唐公嶺
禾步村	官涌村
黎峒村	軍地村

1979 年的粉嶺，圖片中央的一排建築物為臨時房屋，而它的對面是蓬瀛仙館。（高添強提供）

5

粉嶺位於圖中所指的雙魚村範圍內，它的右面是大埗（埔）頭，即現今太和火車站附近。（轉載自《新安縣志》——嘉慶二十四年，1819 年版）

早期的聚落與社群

前言

最早定居粉嶺的居民何屬、何時抵達至今無法考證。1950 至 1960 年代，毗鄰粉嶺的上水區有漢代文物出土。而香港其他區域更發現有新石器時代文物，粉嶺至今卻未有任何發現。

古代於不同時期遷徙此地並落地生根、繁衍至今的，有廣府語系的鄧族和彭族，也有客家語系的各族社群；也有成為歷史過客的。客家族民的客居他鄉史印證了南朝以後數次因政局動盪而大規模移民南徙，從而完成民族大融合的史實。今日小坑新村為多姓客籍的原居民村，其後山曾發現 "毛" 姓先民數百年前的古墓，足證 "毛" 姓先民曾縈根此地，惟今日已無後代居住此村[3]。尚有多少其他姓氏先民曾卜居此地，目前無從考查。

史料問題

要寫粉嶺早期（古代）的歷史，廿五史固然沒有任何資料可查，歷代筆記也找不到任何關於粉嶺的記載。歷代嶺南雖為貶謫罪官之地，所謂 "發配南荒"，有韓愈被貶潮州、柳宗元被貶永州和柳州，但還未至於南荒到卑處一隅的今天的粉嶺來。嶺南因多森林、濕熱而多瘴疫，故成為中原皇朝眼中的 "化外之地" 和 "蠻夷荒服"。

現今留下最多記載的是現居的原居民族譜。惟族譜的編寫多揚善隱惡、誇大溢美，甚至移花接木，對爵秩功績誇大其辭，每每攀附先賢，稱其祖先為某帝王將相或達官先哲[4]。其內容曲解曲筆、編著自相矛盾之處，時有見之。所以只能用作非學術性的參考，尤其是先祖的事蹟，多有祖先遷移的故事，只可以看成是一種民間故事。族譜亦有意識地 "創造傳統"[5]、 "發揚傳統"，藉某個時空通過族群活動而強化某個傳統的形式、儀式乃至提升意識，並不斷發展、更新這種傳統[6]。所謂 "修譜的目的本來就是要顯示本族的興旺發達，源遠流長，以此告慰祖宗，昭示後代"。

鄧族

源流與繁衍

鄧族肇興，源遠流長。考東漢二百年，即有百多名鄧姓先民封侯，後子孫亦開枝散葉。功在家國，門楣光大，故粉嶺龍躍頭松嶺鄧公祠門聯上句即為：

偉業冠雲台漢室將軍綿世胄

至宋代，有鄧漢黻者，官承務郎，江西吉安府吉水縣白沙村人，曾於宋太祖開寶六年（973）遊南粵，宋太宗雍熙年間（985-987）葬於新安橫洲村（今屬元朗）。傳至曾孫，諱符協，宋徽宗崇寧四年（1105），授陽春縣令，長南雄府郡，赴任時，路屯門海道，知其中福地，遂起遷居之念。辭老解組，擴宅寶安岑田卦角山下之錦田鄉，鄧漢黻被尊為入粵初祖[7]。

這是當今新界原居民最早定居並有連貫記錄之始。其後數百年，鄧族子孫雖有遷居他鄉，卻始終以篳路藍縷、以啟山林的精神開發出一片樂土——錦田。

鄧族發展興旺，代有出仕及勤於王事者，香港第一間學舍"力瀛書室"即鄧族所創。又有奇遇，娶宋室皇女[8]。人因地傳，地因人傳。鄧族族譜所記，五大房東入粵第七世又再分支。從其歷代屢修宗譜，從嘉靖乙丑（八年，1529）起至今未間斷[9]，可知其支族繁衍日大。人多地少，從錦田分支各地，勢在必行。

元亮祖（入粵第七世，五大房之一）為分房一世。至六世秀琇祖為六世祖。公諱秀琇，字伯璋，號松嶺，生於元大德壬寅年（六年，1302，享壽86，終於明洪武丁卯二十年，1387）。元末，徙居龍躍頭鄉（粉嶺），葬於新安黎洞（今萊洞）[10]。自始，此派開基粉嶺龍躍頭，從歸葬地域、修宗譜、建宗祠——松嶺鄧公祠萃雲堂三進規模格局看，自是別一番氣象。此派又繁衍出五圍六村，成為粉嶺地區的大族。

五圍六村之名，今據新界土地契約（續期）條例"原有鄉村"定義為粉嶺龍躍頭新圍、老圍、東角圍（或稱嶺角圍）、永寧圍（或稱隔龍圍）、麻笏圍、永寧村（或稱大廳）、新屋村、小坑村、祠堂村、觀龍村及麻笏村[11]。今日上列各村雖非全為鄧族所有，但當年開拓之功不可沒，是為記。

粉嶺鄧族記盛

粉嶺鄧族自元末定居於此地，分居梧桐河上游、龍山山麓，居上游山麓，無水旱之害，有灌溉之便，利於耕作，且其地阡陌連綿，實為福地，人口繁衍。萃雲堂前對聯即記其盛。

峰起龍山疊峰層巒五朵芙蓉開嶺南
流翻吉水尋源溯本一條脈絡是江西

然今日已無法見其力耕致富之情，但從萃雲堂格局看，三進院舍，高大闊落，父老言此乃本港地區最大的宗祠。內院三間，供奉歷代祖先木主，父老言此族勢力曾比錦田鄧族有過之而無不及。屋脊飾物皆出自佛山。此外,龍躍頭各村還有不少的分祠,各自供奉開村的開基祖。龍躍頭鄧族還有能力創建、重修後山的龍溪庵,"建寺於此以應神赫……佛光益增……妙音依然……擬之羅浮洞天、靈洲、仙洞,不相遠也",具名其中的鄧族人不少(邑人),且不少具功名者,此亦鄧族盛事也[12]。

再者,《新安縣志》卷十五至十七,詳記新安一縣選舉各項,從薦辟、正貢、貢監、例職、封贈至恩蔭,由文科甲和文職到武科甲和武職,一應俱全,容或有誤記錯漏,考之,不失為有用之材料。明以前,未見龍躍頭鄧族者,清代卻不乏其人,人數之多,與錦田鄧族、屏山鄧族鼎足而三。登入仕途,此亦反映其學風之盛、財大族大的另一表象。宗祠祖先木主,但書"宋"、"大明"及"皇清",獨缺"元"此又是一"傳統"乎?

小結

作為新界最早最大的原居民,鄧族的發展極具優勢。然而,粉嶺龍躍頭鄧族所靠的是自身的努力和力量而非錦田的幫助,他們獨立鑄就了光輝歷史[13]。沉浮自然難免,與別的社群鬥爭也偶有發生,但對開發此區域之功將永遠史傳。

彭族

源流與繁衍

要寫粉(壁)嶺彭氏的事蹟,大概除了參照《寶安縣粉嶺鄉彭桂公祖系族譜》[14]外,沒有更好的材料了。族譜中,始於敘述世系源流及其顯林之功,然頗多輾轉相傳,考據不清之處,作者亦承認"微有遺錯也,甚或有部分失傳、誤傳……遺漏"[15]。然是書敘寶安縣粉嶺鄉彭族之世系卻極具條理,世代分明,是不可多得的佳作。粉壁嶺彭族,尊彭桂為"宋初太始祖",其子迪然(法廣)為"二世太祖"[16]。桂公以稼穡開基,攜一子於南宋末(1190)從東莞南下卜居寶安縣龍山,後為鄧姓所僭,徙居樓村(粉嶺樓村),其子孫於萬曆年間復徙居於粉壁嶺,遂立圍以居,圍內正屋四十二座[17]。可見彭族初起,人丁單薄,以農為生,生活漂泊。

至第三世,始有啟崗、啟壁及啟後三昆仲,枝葉始茂,猶只能築建茅草泥磚屋以居,植農養牧為活。至萬曆年間已有能力立祠宇、廟宇,建圍牆、圍斗,族漸大矣。遷界(康熙元年,1662)、復界(康熙八年,1669)的擾攘,彭族還是有發展的。粉嶺村由一而三,成粉嶺大圍(或稱正圍)、南圍和北圍,又分衍出掃管埔村、粉嶺樓村、蕉徑彭屋村及大埔汀角村,共七村,亦可謂盛矣。

1930 年代的稻田。（高添強提供）

從空中俯瞰的 1970 年代末粉嶺。（高添強提供）

粉嶺彭族開山祖第三代的祖墳，位於皇崗山。

彭族紀事

粉嶺彭氏，一世祖稱"宋初太始祖"，二世附葬為"宋二世太祖"，然其第三代卻稱"明三世祖"。其家祠中的祖先木主，亦獨缺"元朝"，此豈偶然[18]！然此族群，世代以務農為生，蕉徑彭屋村一族，也是彭族子孫從大埔汀角回歸粉壁嶺時，在蕉徑落籍務農。掃管埔村是於1705年（康熙四十四年）由數族人向鄧姓人購買田地，作務農耕舍而成的村落[19]。

然而，務農艱苦且不論，況且彭族所在地並非沃土，每多撓薄，只有三至五吋厚，又多酸性，不利耕種，季節性雨量及遠離河流，均危害農作物收成。力耕及多施農家肥以補充是彭族生存的必要條件[20]。況且人口激增，耕地有限，糧食供應不足，走回糧食（稻米）耕種乃必行之勢，儘管稻米並非此地自然條件的最佳選擇。住民以稻米為主糧，雜以菜蔬，間用魚或甚至素食[21]。

再考《新安縣志》卷十五至十七所見，未見有粉嶺彭族人士登仕途者，登仕是族群的權力來源之一。夾在功名鼎盛的龍躍頭鄧族和上水廖族中間，其時發展之艱辛可想而知。再觀宗祠之建築、格局，亦不及他族之恢宏，只屬兩進院落，顯然是弱勢族群。彭族卻仍能憑其堅韌不拔的精神，終成為新界五大族之一，實難能可貴。更甚者，英屬以後，彭族能把握契機，參與公路及鐵路的拓建，直至聯和墟的創立，為此族的壯大奠下了雄厚基礎，這已是後話。

清初的遷界（海）及其影響

遷界（海）

明末清初的廣東，局勢混亂。朱明及鄭氏勢力、地方土豪割據、海盜猖獗，加上反清力量不絕，令清室十分傷神。

清順治六年（1649），改封尚可喜為平南王，征廣東，連陷粵北諸城。十七年（1660），專鎮廣東[22]。順治元年，清廷已置廣東總督，駐廣州兼轄廣西。康熙二年，又另置廣西總督[23]。查總督職從一品，掌釐治軍民，綜制文武、察舉官吏，修飭封疆，標下有副將參將[24]。總督位高權重，清例，兩廣已各有巡撫（從二品），合兩省而置一總督；今形勢危而兩廣同時置兩總督，並加派一王（平南王尚可喜）鎮駐，其情可知。

順治十一年（1654）招撫鄭氏失敗後，兵部即議以"禁海"、"遷界"對付。蓋"海逆鄭成功等竄伏海隅，至今尚未剿滅，必有姦人暗通線索，貪圖厚利，貿易往來資以糧物。若不立法嚴禁，海氛何由廓清。自今以後，各該督撫鎮著申飭沿海一帶文武各官，嚴禁商民船只私自出海……論死"。（順治十三年詔）[25]這裡提到的只是"禁海"。

順治十八年，因海氛未清，將議遷以避害。總鎮疆沿海看界。康熙元年二月大憲巡邊立界。邑地遷三之二。三月，差總鎮曹、總統馬，督同營兵析界，驅民遷入五十里內地。民初不知遷界之事，雖先示諭，而民不知徙，及兵至，多棄其貨攜妻挈子以行，野棲露處，有死喪者，有遁入東莞、歸善及流遠方不計道里者[26]。此為初遷。

康熙二年八月，大憲石伊再看粵疆，擬續立界。邑地將盡遷焉。總督盧以邑地初遷，人民困苦，令疏乞免盡遷，止遷東西二路，共二十四鄉。三年三月，城守蔣宏閩、知縣張璞逐東西二路二十四鄉入界。以後每年大憲四季巡界。先是，初遷民多望歸，尚不忍離妻子，及流離日久，養生無計，爰有夫棄其妻、父別其子、兄別其弟而不顧者，輾轉流亡，不可殫述。上台及縣長官俱日謀安插，但遷民多而界內地少，卒莫能救[27]。此為再遷。

遷界令下，以絕接濟台灣之患，令上三日而盡夷其地[28]。瀕海居民，民失業者多為盜，此起彼伏，遍佈廣東，清室痛下誅殺，死亡枕席而後稍定[29]。

是以飄零日久，養生無計，於是父子夫妻相棄，痛哭分攜，斗粟一兒、百錢一女，豪民大賈，致有不損錙銖，不煩粒米而得人全室以歸者。其丁壯者為兵，弱者輾轉溝壑，或合家飲毒，或盡帑投河，有司視如螻蟻，無安插之恩，親戚視如泥沙，無周全之誼，於是八郡之民，死者以數十萬計。民既盡遷，於是毀屋廬以作長城，掘墳墓而為深塹，五里一墩，十里一台，東起大虎門，西迄防城，地方三千餘里，以為大界。民有蘭出咫尺者，執而誅戮，而民之出牆外死者，又不知幾何萬矣。自有粵東以來，生靈之禍，莫慘於此[30]。

當其時，粉嶺地區村落全數在遷界之列，各族譜均有記載，詳略不一矣。而新安縣亦因而撤併於東莞縣中。今閱上文，仍不忍卒讀，何況親臨其境者。

復界

復界的核心人物有二，一為廣東巡撫王來任，另一為兩廣總督周有德。查康熙元年（1662），廣東總督為盧崇峻。四年（1665），免，以盧興祖任總督；六年（1667），免，周有德任總督兩廣之職[31]。其時兩廣合置一總督，稱"總督兩廣等處地方提督軍務糧餉兼巡撫事"[32]。周實為主制一方大員；周有德者，漢軍鑲紅旗人。康熙六年，任兩廣總督。七年（1668），令勘廣東沿海邊界設兵防汛，俾民復業，其上疏"界外民苦失業，聞許仍歸舊地，踴躍歡呼，第海濱遼闊，使待勘界既明，始議安插，尚需時日，窮民迫不及待，請令州縣官按遷戶版籍，給還故業"，得旨允行[33]。

然而，首倡復界者，當為王來任。王，清史稿《疆臣年表五》巡撫條載順治十八年五月，盧興祖任廣東巡撫，康熙四年二月遷，三月，王來任真除廣東巡撫，至六年十一月罷[34]。

考清代巡撫一職，從二品，掌宣佈德意，撫安齊民，修明政刑，興革利弊，考覆群吏，會總督以詔廢置，為一省的長官。又，巡撫例受總督節度[35]。

王來任巡撫只兩年零八個月，多次條奏，求安置廣東民戶，以紓民困為己任[36]。王來任於康熙元年上《展界復鄉疏》，遭革職，又有《展界復鄉遺疏》[37]。

兩疏所言，均在紓民困，解倒懸：

展界復鄉疏[38]

廣東巡撫王來任，為謹陳粵境殘黎困苦，仰乞睿鑒敕復事：

臣自受命撫粵以來，目擊時艱，慢心如搗。蓋粵東之困苦，無如海邊，遷民尤甚；前歲逆兵入寇，沿海邊民，慘被荼毒，或被戮而尸骸遍野，或被擄而骨肉星分，或被橫徵而典妻兒，顛連萬狀，罄竹難書。縱有一二遺黎，亦是鵠面鳩形，柯腹待盡。撫泣茲土，目擊情形，漸無補救之術，徒有如傷之懷耳。

臣竊以為，折回田地之令一行，則妨農病民，其弊立見於目下矣。蓋軍餉實出於輸將，輸將實出於田畝；未有土地辟而課餉不殷給者也。臣計：折邊田畝數十頃，歲納糧米數十萬石。自開復以來，茲蒙聖恩，軫念民瘼，蠲免十年，至今未徵輸。且以湯火方離，驚魂未定，若果加撫恤之仁，各抒安常之業，庶俾失所殘黎，下以樂育妻兒，以供胥王國。今若遷其人民，棄其疆土，則海無漁鹽之賦，田無輸納之貢，是欲益國，反損國也。此遷民未便者一。

方今寇船成宗，游移海外，未敢輕犯海內者，賴有此邊海之民，遇警則馳報汛哨，抵敵則執戈待御，民藉兵以自衛，兵藉民以相助，是邊民如藩籬之一助也。今若棄彼民居，鞠為墟莽，賊得乘虛窺伺，潛聚竊發，掠境犯城，無所不至，是欲防盜，反開盜路矣。此遷民之未便者，又其一。

粵東自寇盜之後，連年弁兵，未盡撲滅，梗橫未盡傾心，特窺捕哨徂師西粵，糾黨劫掠鄉村，邊境駭惶，難民載道，哭哀哀而告訴，見者慘目傷心。緝弭無策，伎窮莫奈。念彼小民無知，恆心因乎恆產，若一旦毀其室廬，失其常業，聊生無術，望救孔殷，將老弱相轉溝壑，壯者流毒他方，釀禍非淺。此遷民之未便者，又其一。

臣熟察粵境情弊，深悉小民機宜，幸際聖明普，及逃亡之民，雨澤回枯槁之春，千載一時，不得不披瀝冒瀆也。如臣言可采，仰祈敕部速行，庶哀鴻有哺，毋致遺疑。臣不勝屏營待命之至。

展界復鄉遺疏[39]

　　廣東巡撫王來任，奏為微臣受恩深重，捐軀莫報，謹臨危披瀝一得之愚，仰祈睿鑒，臣死瞑目事：

　　臣自康熙四年八月十二日受事，兩年以來，多刑錢谷，鞍掌無停，經催帶徵，各年課等項，俱幸完全。地方民生利病，雖不能盡除，然臣曾陳六大害，請旨永革，有不便民者，竭力剔之，民若猶有未更者，臣限於力耳。臣在粵東兩載，其中情形，臣頗深悉。且皇上孜孜求治，臣有知見，至死不言，不亦負罪於地下乎？僅披一得之愚，為皇上陳之。

　　一、粵東之兵多，宜速裁也。（按：此與遷民困苦無關，故從略）

　　一、邊界急宜展也。粵負山面海，疆土原不甚廣。今概以海濱之地，一遷再遷，流離數十萬之民，每年拋棄地丁錢糧三十餘萬兩。地遷民移，而又以設重兵以守其界內之地。立界之所，築墩台、樹椿柵，每年每月又用人夫土木修整，動用不支不費公家絲粟，皆出之民力。未遷之民，日苦派辦；流離之民，各無栖址，死喪頻聞。欲民生不困苦其可得乎！臣請將原遷之界悉弛其禁，招徠遷民復業耕種與煎曬鹽斤；將港內河撤去其椿，聽民采捕；將腹內之兵盡撤，駐防原海州縣，以防外患，於國不無小補，而祖宗之地又不輕棄，於民生大有裨益。如謂所遷棄之地，丁雖少而御海之患甚大。臣思設兵源以杜衛封疆而資戰守，今避海寇侵掠，慮百姓而資盜糧，不見安攘上策乃縮地遷民，棄其門戶而守堂奧，臣未之前聞也。臣撫粵二年有餘，亦未聞海寇大逆侵掠之事，所有者仍是內地被遷逃海之民相聚為盜。今若展其邊界，即此盜亦賣刀買犢耳。舍此不講，徒聚議，不求民瘼，皆泛言也。

　　一、香山之橫石磯子口宜撤也。（按：此與遷民問題無關，故亦略去）

　　以上三事，皆功令之所甚嚴，諸屬續之際，毫無所私，總之身在地方，目擊情況如此，此仰體皇上子惠元元至意，以誠公忠，一念之誠，不得不瀝血遺言。臣雖生不能報，到死猶可以無憾也，伏乞敕部議施行。臣未敢擅便。謹題。

　　王來任於民深德，惜未盡全功而先逝，亦可哀。周有德於王革職之餘，仍支持王之遺疏，亦可謂悲壯。

　　此外，尚有一人，平南王尚可喜的支持亦應記一功，惜乎民間已遺忘此公。史家更譏之云：也許只想囤積金山銀海，惟有廢除禁海令，他（尚可喜）才可以大張旗鼓地從事海上貿易，就像那幫把自家的野心裝點成平民百姓的福祉的達官貴人一樣……極力促成這件可從中漁利的大事能夠早日實現[40]。

　　是冬（康熙七年冬天）周有德喪父，平南王尚可喜疏言沿海兵民，方賴（周有德）

經營安輯，請命在任守制，凡三年而事定；九年，疏請還京師治喪，許之[41]。

復界後的治理

康熙八年七月下旨准復縣治，第一任知縣李可成為遼東鐵嶺人，由官生而知縣，九年知縣事，居心慈惠、守己廉潔。展界復縣之初，哀鴻未集，悉心招徠，給以牛種，督耕勸課，城池捐修不累於民，百度經營，務以固圍衛民。督徵錢糧，革除積弊，故民皆樂輸，又率鄉勇官民敗巨寇李奇等。接待諸生，溫然和藹，又不幹以私，恩惠而能斷，清慎而克勤，不獨澤被一邑，鄰封皆嚮慕之[42]。

前文對李的評價之高，少見於史傳，中或有溢美而大致可信。此外，李可成又上《條議興革事宜八條》[43]：

一、勤開墾以增國賦：新邑久遷乍復，土田荒蕪……俟三年起科……正德必先厚生。

二、端士習以興教化……學校之設，風化攸關……卷資之費，捐俸量給……相與有成……人文蔚起，禮讓成俗。

三、修城池以資保障，務使高垣深塹，堅壑可守……以壯金湯，藩籬固而堂奧得安枕。

四、築台寨以固邊防：展界之後，奉設邊防……屯兵……更番……群策群力，地方賴安。

五、革火耗以勤輸將，……陋規未除……胥吏生姦，民乃耗於追呼，……卷寬以養之，業有成效。

六、禁包當以清里役：胥吏……習於鑽營……一受包攬，任意兜侵。

七、嚴保甲以稽奸究：保甲之設，奉行已久，第行之不力，以致弊竇叢生……革心向化，淳龐之俗庶幾望之。

八、戢習訟以安善良：聽訟之道……不察……狡獪之徒，飛殃流毒……家破身亡……務立審實……良善猶安。

300多年之後，再讀李可成八條，還是膾炙人口的。康、雍、乾三代，即不時發詔招墾，甚至有"十年起科"之例，其餘的各條，亦先後落實，成清初百年之盛世，史績斑斑可考，不詳記。

粉嶺地區在復界以後，除原來已定居的鄧族和彭族回歸故里，重拾舊地外，又多了一批新招墾而來的流民，他們多來自閩、粵山區的窮鄉僻壤的狹鄉。今日粉嶺地區的客籍原居民便是復界後陸續來此落戶開荒的，並因地順勢在此生根發芽，有心長作嶺南人[44]。

今天要找到這一時期粉嶺地區新增人口統計幾乎不可能。但從以下數字可略知一二[45]。

新安縣　康熙十一年，丁數 3,972（復界三年，1672）

雍正九年至嘉慶廿三年（1731-1818），丁數 146,922

短短數十年（康熙十一年至雍正九年），"丁"數激增 36 倍，人丁興旺，新安縣全縣如是，粉嶺自然包括在內。

報德祠

"天視自我民視"，粉嶺地區的鄧族和彭族飲水思源，為紀念周、王二公的恩德，與同是雙魚河區（其時粉嶺屬之，今稱上水，與粉嶺為兩區）的廖族、侯族和文族在石湖墟巡撫街（其時區內唯一墟鎮）建立"報德祠"[46]。

石湖墟報德祠初建時之資料，現已散失。現僅根據日後之文獻記載、習俗、記憶，而推斷其成立時之組織。

報德祠之拜祭儀式有兩個日期，其一是五月十九日之"舊約"家族，另一則是六月初一日之"新約"家族，而此一"新"、"舊"約之別，即和報德祠之組織有關，現分述如下：

一、舊約：有關舊約之資料，乃根據一本 1920 年之值年帳簿，並參考幾位村中父老口述記憶而來。舊約之值年，由四家族組織輪流擔任，在當時上水廖族，上水廖允升堂，龍躍頭鄧族，河上鄉、丙崗、燕崗、金錢之侯族。值年處理報德祠之物業，並有關祠宇之維修，報德祠名下田地之投標收租，交稅，通知各族父老出席每年五月十九日之祭祠，保管當年之帳簿，並於祭祀當日將銀錢數目交與下一值年。

舊約之家族，都是在明朝時已居住於現今新界之家族，新界歸入香港後，香港政府進行田土登記，時報德祠乃按照其原本主權登記，其註冊業主以鄧、廖、侯三族父老為司理。

二、新約：新約之組成，據一份 1958 年巡撫祠全人大會會議記錄及龍躍頭一父老言，以前有數位官吏治理雙魚洞一帶地方，政績甚好，愛民若赤，故當時之五族人（包括侯、廖、鄧、文、彭）合送一筆金錢以酬謝，然此幾位官吏操守廉潔，拒而不受。但錢已籌妥，發回不易，當時新界居民，多往深圳趁墟，於是將錢合組了一橫水渡，名之曰羅湖渡，接載居民往返雙魚洞及深圳，以方便村民，每次收費若干。據該父老言，橫水渡成立於其曾祖父時〔該父老今年（2006）76 歲，即約 100 年前〕。幾位官吏為鄧銑（職位是"銳勇巴圖魯"），鄭金及鄧韶石（即該父老之曾祖父）。

橫水渡之組織，即後來報德祠祭祀之新約，其成員包括上水廖萬石堂，河上鄉、燕岡、丙崗、金錢侯族，龍躍頭、大埔頭鄧族、粉嶺彭族，新田、叉坑（又名泰亨）文族，按 1958 年之會議記錄，新約成立於光緒三十年（1904）。每年六月初一日拜祭二公。橫水渡每年均開標競投，所得款項入新約名下，用以祭祀。初期尚有剩餘，用作生息。九廣鐵路建成後，橫水渡取消。當時報德祠後門空間，間成二個舖位，出租與人營商。在第二次大戰前，其一為恆昌單車舖，另一為忠和車衣舖。不知從何年開始，舖位每年所得租銀，部分歸入新約，以籌辦祭祀。

新、舊約組織之成員家族，都是當時新界北部歷史悠久，並負名望之家族，而報德祠就成為此五家族聯誼之組織。

1955 年，石湖墟發生大火，報德祠被焚。火災後，政府計劃重建石湖墟，而新舊約亦決定聯合組織周、王二院有限公司。1963 年 11 月 14 日正式註冊成立。成員包括：

一、上水村廖萬石堂；

二、上水村廖允升堂；

三、粉嶺村彭大德堂；

四、龍躍頭村鄧萃雲堂；

五、叉坑村文公眾堂；及大埔頭村鄧眾興堂；

六、河上鄉、燕崗、丙崗、金錢等村侯族；

七、新田村文惇裕堂。

每成員擁有一投票權，並由此 7 成員家族再推出 14 人為首屆董事，至此報德祠之組織才定下來。

周、王二公，得民數百年之祭祀，可謂民德歸厚矣。

英國殖民管治時期

英國對香港地區的統治，分三期奪取，各方論之者詳甚，此處不多言。

奪取新界

拓界與英人的企望

1894 至 1895 年中日甲午之戰，以《馬關條約》結束，接下來的，是列強在華各自

梅含理爵士與家人及朋友於粉嶺野餐，攝於 1916 年 4 月 9 日。（政府檔案處：歷史檔案館提供）

粉嶺高爾夫球會，攝於 1916 年。（政府檔案處：歷史檔案館提供）

利益的爭奪，風起雲湧。

港英政府早於 1874 年已秘密擬定了一個 "拓土" 計劃，送交英國政府。這計劃就是日後（1898）拓展租界的最初藍本。1884 年駐港英軍司令又重提拓界，要求奪取整個九龍半島（今新界的大部分），英國防部以 "暫時沒此必要" 回絕。拓界之事，一直不絕於耳，且一浪高於一浪[47]。

19 世紀的中國，是在大英帝國的 "非正式"（informal）支配下生存，也是英帝國的 "邊沿"（periphery）控制區。中國勞工是英帝國各殖民地重要的勞動力來源，中國海關和對外貿易自 1860 年以後一直控制在英人之手[48]。

香港和上海同是英國在華利益的橋頭堡。"保衛" 香港之議於中日戰爭後，各國爭攘在華租界中，迅速落實。

英國駐華公使竇納樂於 1898 年 4 月 2 日，正式通知清政府總理各國事務衙門大臣李鴻章，"英國香港當局不滿意目前界限，希望展拓界址 …… 以為保護香港之計。" 英國擬定租界範圍，陸地比以前擴大了 10 多倍，水面比以前擴大了四、五倍，清朝官員獲通知後，大吃一驚。幾經爭論，多番來回，英人作了 "讓步"，終於 1898 年 6 月 9 日，竇納樂與李鴻章在北京簽署了《展拓香港界址專條》同意於 7 月 1 日起將九龍半島、大嶼山等島嶼及大鵬灣等水域租借給英國，租期 99 年[49]。

從此時起，粉嶺有了 "新" 的管治者，也是粉嶺歷史上一個 "新" 時期的開始。

接收新界與鄉民的抗爭

儘管清朝兩廣總督、廣東巡撫等大員，張貼佈告，保證外國官員（英國）於接收九龍租界（今新界）後會："對百姓特別善待，不得強行購買房舍及土地，租借地之墳墓，永遠不得遷移，和當地之風俗習慣，須按照居民願望，不得更改。" 又說："租借地之各村各墟，與華境內之村墟並無不同。"[50] 小民如何相信？

香港總督卜力的安民榜 "示諭" 各色居民 "照常安居樂業，守分營生，慎毋造言生事，煽動人心，凡確屬爾等自置田產，仍歸爾等自行管業，爾等善美風俗利於民者悉仍其舊，毋庸更改。擬遴選爾鄉中耆老為素日眾望所歸者，以佐辦地方事務。"[51] 好一派太平盛世的氣象。

為接收拓展了的租界，當時的港英輔政司駱克做了一份詳盡的地方報告，提交港英的立法會，日後稱之為《駱克報告書》[52]。反映港英政府曾做過一番工夫，以便接收。

然而，鄉民的反應，卻頗出港英政府意料之外。"吾等痛恨英夷，彼等即將入我界內，奪我土地，貽患無窮，大難臨頭，吾等夙夜匪懈，民眾對此實為不滿，決心抗拒此等夷人。"（1899 年 3 月 28 日在元朗屏山的抗英揭帖）"英夷即將入我領土，吾等村舍面臨滅頂之災，我全體村民必熱忱奮起，予以武裝抗擊並一致行動。戰鼓一響，吾等均

21

須響應支援。任何人等彷徨不前，或阻撓吾人軍事計劃，定予嚴懲不赦，特此預告。"（港英政府搜獲的文件）[53]

1899 年 4 月 17 日，港英總督決定在大埔旗桿山（Flagstaff Hill，今中文名稱為圓岡；在新大埔火車站旁）舉行升旗禮，象徵英政府接收新的租界地域（其時未有"新界"之名），即與鄉民衝突，以英軍優越的組織、指揮、訓練和武器，鄉民一敗再敗，誠如駐港英軍司令加士居少將所言。"這並非重大的軍事行動"，"整個地域很快便完全清除了武裝的叛亂"，雖然"對地方的損害極大"[54]。

今番抗爭，人數不少，最後失敗。抗英領袖人名，名列《駱克報告書》的共 27 人。其中屏山佔 6 人、廈村 6 人、錦田 5 人，合共 17 人（連大埔頭及八鄉 2 名鄧姓人士共19 人），均為鄧族人士。粉嶺及鄰近地區極少。粉嶺只有彭少垣 1 人名列其中，餘為上水 1 人、丙崗 1 人[55]。

由此推算，英國人接收新租界時，這裡是較為平靜的，反抗也是較少或甚至沒有，鄉民繼續他們"不知有漢，無論魏晉"的生活。但粉嶺鄧族父老、居民所言，與《駱克報告書》反映的地方情況，卻又頗不同，未知孰是孰非[56]。

早期港英的統治

政治建制

港英政府迅速平定鄉民的"武裝反抗"，由立法會通過《新界條例》，宣佈香港所有法律及條例，均在租界內施行，新界已成為香港的一部分，香港總督有權維持地方和平、秩序和有效的政府而頒佈法律[57]。又通過《新界例則章程》，有權辦理新界下列事項[58]：

一、餉項：招人承充或給牌，准人販賣酒、鴉片。

二、抽收地稅：酌奪施行及設部存記。

三、某洞某約……由輔政司頒行華文告示……遵照。

四、干犯……由巡理府審定擬罰銀……或監禁……或苦工。

港英政府亦掌握當時新界的大致情況。其時，新界共分七約（Districts），每區之下又有若干分約（Sub-Districts）。其中"雙魚約"下有九個分約，分別為林村、新田、龍躍頭、船灣、翕和、太坑、上水、分嶺（原文如此，附英文 Fanling）和候約（附英文Hau-yeuk，"候"字應為"侯"之誤）[59]。

19 世紀的大英帝國，全盛時擁有眾多的殖民地。英國並不"直接管治"（Direct Rule）而是讓殖民地的精英、合作者、社區領袖參與，製造一個"間接管治"（Indirect Rule）的班子來[60]。大概就是中國歷史上，中原皇朝對少數民族採取的以蠻治蠻的管治手段了。

港英政府於 1899 年 7 月 7 日，即迅速地委任了新界各分區的地方領袖組成"分約委員會"（Committee for Sub-District）[61] 提供各種地方管治的意見。

今日粉嶺地區，臚列如下：雙魚約（District — Sheung U.）

第八分約（No.8 Sub-District — Fanling 粉嶺）

村　落	姓　名
粉嶺（Fanling）	彭掄魁、彭天祥
粉嶺樓（Fan Ling Lau）	彭斐如、彭洪基
掃管埔（So Kun Po）	彭沖霄

第三分約（No.3 Sub-District — 龍躍頭）

村　落	姓　名
新　圍	鄧銳臣
新　屋	鄧蓉屏、鄧俊揚
老　圍	鄧輔延
永寧圍	鄧禮瑚
龍　塘	鄧俊臣
大　廳	鄧錫常
萊　洞	鄧懋華、鄧睿權
鶴　藪	鄧卓斌
丹竹坑	羅俊傑
萬屋邊	鍾成桂

港英政府真可謂用心良苦。當然，英政府最關心的，是統治權仍保留在英人手中，保證地方政權的安穩和地方領袖忠於英政府[62]。

有論者以為早期的政府對新界社區領袖是支持和諒解的（Supportive and

1905 年完成的官批租期（Block Crown Lease），詳細記錄了地主的名稱、土地的面積、等級及所在位置，方便政府徵稅及管理。（陳國成攝）

Sympathetic），那是新界管治的黃金時代（Golden Age）[63]。筆者看來，只是一廂情願的看法。

　　大埔是港英政府情有所鍾的地方，也是早期管治新界的中心。新界首個政府部門，並非用作"管治"之用，而是為實施《新界田土法庭條例 1900》（*The N.T. Land Court Ordinance 1900*）於 1901 年派駐大埔的 Land Office（日後稱為大埔田土署）和保護它的警察。Land Office 共有 11 名職員（其中 8 名為歐洲人，3 名為華人），部分為兼職。警察有 48 人（其中 4 名為歐洲人，40 名屬印籍人士，4 名為華人。約佔全新界警力的 30%）[64]。大權由裁判司兼助理警司執掌（Magistrate and Assistant Superintendent of Police）。

　　港英政府亦迅速派駐警力於新田、沙頭角、坳頭、屏山、西貢和上水[65]。遍佈新界各地，成為管治主要力量，但是粉嶺始終還是一個不起眼的小小農村地帶，沒有份兒。

　　1905 年，仍然是為了方便執行土地條例，將 District Land Office 一分為二，成立 "Northern District"（北約理民府），管治新界（除新九龍和三個小島）大部分地方。北約理民府坐落大埔[66]。如是者，粉嶺又歸大埔的北約理民府管了。

　　單是理民府這名稱，就頗中國官味十足，加上當時官場中文用語，例如：大埔田土司署、新界田土廳、田土衙門、巡理府、候補員、衙門當差、本部堂、請示、憲示等[67]。真使人懷疑是否英國管治，此亦一大奇觀。

　　理民府的工作，包攬一切政府功能，如收稅、發牌、土地丈量、地方工程、司法仲裁、排難解紛、瞭解民情、地區治安等等。理民府最高長官為理民官，比諸中國的"知府"權力有過之而無不及，所不同者，是他要按香港法例行事而已[68]。

土地與建設

　　新界的土地，始終是港英政府最關心的問題。港英政府立定腳，即通過有關田土的法例——《新界田土法庭條例 1900》，又急不及待在大埔成立田土廳，開展測量的工作。

　　對港英政府來說，新界只是一個維多利亞城（Victoria City 即港島）與中國之間的緩衝區（Buffer）。香港的命脈在於貿易，新界並沒有即時的經濟利益[69]。早期港英政府並沒有建設這大片土地，而是積極鞏固港英政權的地位。

　　新界是一片農村地帶，以耕種為主的經濟活動，使土地成為最有價值的東西。中國歷代皇朝政權並未掌握新界土地的數量，更說不上丈量（測量）。港英政府單是接收新界初期的幾年，新界政費的收入，出現驚人的赤字，臚列如下[70]：

位於粉嶺裁判司署的北區理民府粉嶺分署，在 1980 年啟用。

北區理民府粉嶺分署，俗稱 "黑屋仔"。

	收入	支出
1898 — 31/12/1899	$ 7,273.03	$233,033.53
1900	$17,530.75	$355,697.96
1901（至 6 月 30 日止）	$16,210.55	$147,839.85
總數	$41,014.33	$736,571.34

　　當時一名普通工人每月收入只有 2-4 元[71]。如此鉅額赤字，如何了得。測量土地增加收入，成為新界政務的唯一出路。而且，港英政府又可以藉丈量，查出及打擊與英對抗之人士。英人雖然沒有説出這個目的，但後來卻實在如是，錦田鄧族即有 2,000 多畝田地被侵佔去了[72]。其他失記者，不知凡幾。

　　港英政府在測量方面的工作，實在仔細賣力。田土廳從 1901 年的 11 人（部分兼職）到 1902 年，單是印籍測量員已增至 48 人[73]。其後還不斷增加人手，具體分工測量的地域。從 1901 年起至 1905 年，前後多次公佈方案，分工更加詳盡、更加具體，工作也更深入。將新界規劃成若干編號測量區（No.1, 2, 3……Survey Districts）每區又劃成多個分區，將測量數據，總匯於大埔總部（稱新界田土廳）[74]。

　　此外，港英政府又公佈章程，要求鄉民繳納地税。凡耕種之地，未開墾土地，盡皆歸類，並分三等繳交地税；至於建有屋宇之地亦分三等歸納。如逾期未能清繳，則將其押櫃銀入官，出賣[75]。又頒令要求土地註冊 *The New Territories Title Ordinance 1902* 以官契（Crown Lease）為準[76]。1904 年宣佈全新界土地為官地（Crown Land），使用者需領執照或契約（Grant or Licence）[77]。翌年，*The New Territories Land Ordinance 1905* 落實，港英頒令新界土地政策遂實施，以官契（Crown Land）代替清朝的舊契（紅契）[78]。

　　港英政府另一項鞏固權力的工作，是修建公路和鐵路。兩者的重點均不在發展新界，但卻為粉嶺帶來新的機遇。公路和鐵路未修築前，從粉嶺到九龍市區，必須走路，單程需時 1 日；否則也可以從九龍坐船到深圳，然後再步行 2 小時回粉嶺[79]。

　　港英政府接收後，立即著手修建九龍至大埔的公路（後稱大埔道）。1900 年香港總督提交立法會有關新界的報告，便有如下的一段：

　　　　九龍至大埔公路已在修建中，預計長度為 16 哩，現已建成 11¼ 哩，餘下的 5 哩本年年底將會造好。……這條公路日後將會繼續修建，直達邊境。[80]

　　進展如此迅速，目的是為了日後管治。但最後完工的時間表，學者有不同看法，將

1930 年代末，香港義勇軍在通往粉嶺的沙頭角路上歇息。（高添強提供）

粉嶺河上的一道舊中式橋，攝於 1927 年。（政府檔案處：歷史檔案館提供）

九龍至大埔段公路的完工日期定為 1904 年，1913 年伸展到粉嶺；另一條環繞新界西部的公路（青山道），亦於 1910 年代分段完成。至 1917 年完成粉嶺十字路（當地人稱粉嶺迴旋處的別名）與大埔道交匯處[81]。

新界環迴公路完成，粉嶺成了新寵兒，通往邊境的公路由此輻射出去。1920 年代陸續修築好[82]。港英政府在粉嶺建成一個龐大的警察訓練中心（芬園），兩個大型的軍營（新圍軍營和皇后山軍營）。此外，在粉嶺咫尺之遙，還建有新屋嶺軍營、羅湖軍營、古洞軍營和沙頭角軍營。粉嶺成為一個特別的軍事地區，成為保衛香港的北邊重鎮。軍警人數之多、軍（警）營房數量之多，密集的程度，一時無兩，成為全港之冠[83]。

九廣鐵路的修築，早在 1898 年《展拓香港界址專條》中留下伏線。港英政府於 1909 年通過《鐵路條例 1909》，具體規範鐵路的修築和運作，內容細緻，條目分明具體，這裡不再詳述[84]。

鐵路的修建，港英政府不在發展新界，而是盯著中國南方廣大的地盤。但由於粉嶺擁有防衛香港的特殊地位，小小一個鄉郊地區，且在上水石湖墟（地區唯一大墟鎮）火車站咫尺之近，榮幸地擁有一個火車站。為了保衛邊境的需要，還由粉嶺火車站修建了 $5\frac{1}{2}$ 哩長的輕軌鐵路，每日安排三趟車來回沙頭角邊境與粉嶺之間行走[85]。

凡此種種，港英政府並非有意發展粉嶺，一切都為了英國的利益服務而已。但是，無心插柳下，公路通了，鐵路有了，令一個出入不便的鄉郊，交通變得四通八達。以往從九龍到粉嶺要走一整天，如今只需一小時左右，便可安然抵埗[86]。這是粉嶺發展史上一個良好機遇。

清末民初至 1930 年代的中國，眾多的原因——戰亂、貧窮、政治，不一而足，為香港帶來了眾多的內地移民。不少落足點就在邊境旁邊的粉嶺。眾多無名的新移民默默地與本地原居民共建新天地，坐落粉嶺的崇謙堂村，就是這時期建立成村落。該村的開創和發展，充滿了客籍基督教人士的激情、浪漫和理想，為粉嶺近代發展提供了新動力和人才。正如徐仁壽、徐家祥、彭樂三、凌道揚和羅香林等諸位已故知名人士，他們都是籍屬崇謙堂村[87]；也超越歷史和地域時空，成為名人。

粉嶺這時候，在變化中，從質變到量變都一直在進行中。有些是刻意的，但更多的是無意、隱蔽和緩慢的。

新界鄉議局

新界鄉議局成立於 1926 年，前身為新界農工商業研究總會。當時各區建屋，當局擬規定要補繳地價。粉嶺鄉紳李仲莊等聯同他區鄉紳於 1923 年發起組織，反對補地價。1926 年香港總督金文泰飭令改名新界鄉議局[88]。

新界鄉議局的創建是新界鄉紳與港英當局討價還價的互讓，也是英殖民體系間接管

香港義勇軍在粉嶺的營地,約攝於 1912 年。(政府檔案處:歷史檔案館提供)

粉嶺新圍的駐軍營帳,約攝於 1927 年。(政府檔案處:歷史檔案館提供)

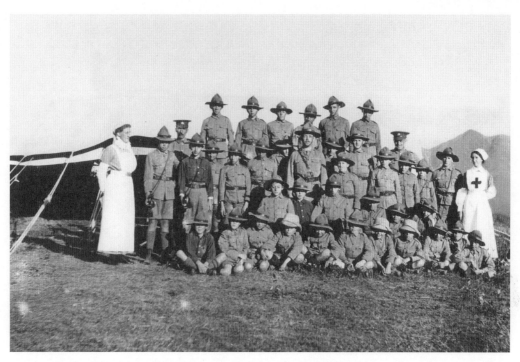

1916 年 1 月 7 日，香港政府官學生攝於粉嶺營地。（政府檔案處：歷史檔案館提供）

1916 年 1 月 7 日，香港政府官學生攝於粉嶺營地。（政府檔案處：歷史檔案館提供）

1977 年的粉嶺火車站。

1950 年的粉嶺迴旋處，俗稱十字路口，位於火車站前。〔轉載自《新界指南》（上卷），1951 年〕

治（Indirect Rule）的一種表現；大戰後更發展成政府的法定諮詢機構。

當時局方以聯絡官民感情，使下情得以上達，地方利害有共同關係為主旨。其局務分為四大項目：[89]

一、地方慈善公益發起維持；

二、地方利益關係得請求興革；

三、地方不良風化得設法改良；

四、鄉民無辜冤屈得代請伸雪。

此外，局方還創辦"新界公立小學校"和簽發"香港新界居民籍貫證"[90]。

在新界鄉議局初期歷史和工作中，粉嶺地方鄉紳扮演著積極的角色。第一屆局長李仲莊太平紳士為粉嶺高埔村人士，前清舉人及新界首批非官守太平紳士，並且為日後粉嶺聯和墟創辦人之一，對地方貢獻良多[91]。

第二、三、五及九屆局長為崇謙堂的彭樂三先生。彭樂三先生為崇謙堂村創辦人之一，亦為日後粉嶺聯和墟及從謙學校創辦人之一，德高望重，至今仍深受村民景仰[92]。粉嶺其有幸乎？

日佔時期

這裡要敘述的，並非香港攻防史，而是看看三年多日軍佔粉嶺時期的一角。坊間論述日軍佔領香港的書籍尚算不少，但提及粉嶺的並不多。

1941 年 12 月 8 日，當日軍開始轟炸啟德機場時，英國人還是相信這是德軍所為，日本人根本沒可能做出此事[93]。如此料敵，焉能不敗。正午時份，日軍分兩路從深圳攻來，英軍根本沒有設防，但卻將上水圍對開虎地坳梧桐河上大鐵橋炸毀，日軍下令上水村民拆掉自己的大門，用大門的木料搭成臨時橋樑渡河，攻佔上水和粉嶺，黃昏前日軍已到大埔墟[94]。日佔時期比香港任何地區都來得早，簡而言之，日軍的行動是迅速和組織良好的[95]。

港英政府的輕敵、自大和準備不足，使香港很快便淪陷。日本佔領時期組織起來的"香港善後處理委員會"和"香港華民代表會"，幾乎包括了各方有頭有面的人物[96]。他們與日人攜手，共治香港。又怎能怪"鄉民列隊歡迎皇軍入村"和"開荷蘭水款待皇軍"，又如何能怪責"有人與日本仔合作"[97]。當日艱苦的生活，恩恩怨怨，隨時光的逝去而逐漸淡忘了。

日軍政府成立後，將全港分為 28 區，粉嶺屬上水區區役所，並希望用以華制華政策管治，否則，恐難以控制。以上水區為例，當時村民有 13,330 多人，但只得 12 名日本人，如何控制得了[98]。區役所的區長、副區長、吏員和會員由華人擔任，至於權力有

1951 年的粉嶺公立小學，當時設於彭氏宗祠。（政府檔案處：歷史檔案館提供）

多大，取決於由日本人出任的所長和日軍的需要。日軍還組織起密偵隊、憲查隊、聯防隊、警察隊、村公所職員，組成後勤機關[99]。

日軍還在粉嶺安樂村擁有一個軍營，是日軍駐港兩個主要據點之一。新界憲兵總部就在粉嶺[100]，其目的有兩個，除保護公路和鐵路的運輸安全外，另一項任務是應付活躍在沙頭角一帶的抗日游擊隊。但為禍地方最大的不是日軍，而是土匪[101]。

儘管日軍嚴密的監控和高壓的手段，抗日游擊隊的東江縱隊、港九獨立大隊還是在粉嶺鄰近的南涌成立新界第一個據點，使日軍頭痛不已[102]。

戰後重歸的港英管治

接收與管治

日本的投降，並不令人意外，只是時間的問題。香港的受降、接收也非本文所關注。雖云英政府內部矛盾重重，爭論不已，反正中國政府無能無知，英美利益相同，結果就是這樣[103]。

粉嶺各界，包括原先代代定居於此的鄉民，和戰前陸續抵達的諸色人等，小民而已。日佔時期，可以離去，但更多的，是痛苦下忍辱生活。無論如何，英治總比日治好得多。

英軍政府接收香港後第一份公佈[104]，明確表示：

一、恢復法治

二、日佔前實施的法律繼續生效

三、公民權及財產受尊重

四、廢除日治時的法規

令人更驚訝的，是粉嶺還是在抗日游擊隊、港九獨立大隊和自衛隊的控制下，至1946年8月、9月間才解散，港英政府真的姍姍來遲[105]。

港英政府歸來了，粉嶺還是粉嶺，仍是大埔理民府管治下的一個鄉郊地方，軍警重地。英人重拾間接管治的故技，前新界政務署署長許舒先生下面的一段文字，正好反映實情[106]。

新界各分區的鄉村父老不時會在非正式的聚會上，共同商討區內事務，以及處理與當局有關的事情，而鄉議局屬上的各區鄉事委員會就是源出於這類組織。這些父老被公認為地方領袖，他們在本村和分區均受到村民的尊敬，成為具有相當影響力的人物。

鄉事委員會制度成立於戰後初期，與當時所推行的村代表制度其實有密切關係，各鄉事委員會均有組織章程，規定各村村代表互選執行委員會委員，從而擔任鄉事委員會各項要職。於是在每個鄉事委員會區域之內，這類背景和舊式鄉村父老相同的村代表，繼續為鄉民服務，他們因此享有同等聲望及影響力。

簡要言之，一切都變成有系統、有組織和有目的，港英政府對新界的管治開始深化和有效，與戰前鬆散式管治明顯不可同日而語。

在這種指導思想下，新界被割分成 27 個鄉事委員會，每個鄉事委員會屬下有若干村落。

粉嶺鄉事會於 1954 年創立，由太平紳士彭富華先生（粉嶺彭族原居民）等聯合地方紳耆羅澤棠先生（粉嶺客籍原居民）、李昌先生（新界鄉議局創辦人李仲莊先生哲嗣）等發起創辦。最初，借用聯和置業有限公司作為辦公處[107]。粉嶺鄉事委員會日後在區內的發展，扮演一個積極活躍和支持政府的角色。英國人還是成功的。

聯和墟的創建

以下一段引文，現在仍然是"孤證"：[108]

面對地方不靖，盜賊出沒，（粉嶺）客籍人士相互協助，並組成客籍大會——聯和堂，每年開會，社交往還……此種互信、友情和睦鄰關係，日後成就了聯和墟的創建。

未知關心聯和墟人士，讀來如何？

按照《新界粉嶺聯和置業有限公司建設聯和墟場招股節略》（以下簡稱《招股節略》）所載，時間為 1948 年 1 月 1 日，註冊寫字樓設於粉嶺安樂村瑞勝書樓[109]。公司招股工作，於 1948 年 1 月 6 日已展開了[110]。然而"香港新界聯和置業有限公司"於 1948 年 2 月 1 日簽發的"普通股"則聲言："一九四七年十二月二十二日香港政府公司註冊署登記""法定資本港幣伍拾萬元，分作五萬股，每股拾元。"股票上的負責人為[111]：

董事長	李仲莊 先生
副董事長	馮其焯 先生
總經理	彭富華 先生
協理	李毓棠 先生
司庫	鄧勳臣 先生、劉維香 先生

公司最後定名"聯和置業有限公司"，並於 1949 年 12 月 22 日註冊成立為有限公司[112]。法律程序做妥後，聯和墟也動土了，至 1951 年春開幕，建墟時有如下對聯[113]：

聯和墟舊街市正門，1952 年開張。

聯和墟舊街市清拆前一刻。

聯桑梓洽輿情經營模範市場萬商雲集
和里仁化俗美預卜興隆生意百貨川流

從《招股節略》中看到，聯和墟的發起人為 50 名個人和 1 個祖（堂），而贊助人（其
下註明：以下各村全體民眾）為幾乎包括今日的粉嶺、打鼓嶺和沙頭角大部分的村落，
及部分今日大埔區的村落。所有贊助人均以"村"為單位，共 114 條村[114]。更有趣的，
是上水鄉事委員會屬下的村落，多數榜上無名，難怪日後成為一個做文章的好話題。

聯和墟開墟前的工作，應該是極為繁重。試想，到 1954 年 4 月 17 日已經是董事會
第 48 次會議；而第 49 次會議則於同年 6 月 19 日舉行。討論的內容，具體細緻，有案可
查[115]。

無論如何，聯和墟的創立，為粉嶺帶來了歷史上從未有過的發展機會，今日粉嶺的
繁榮和發展的飛騰，當年創墟諸公，功勞至偉。

結語

粉嶺走過了歷史的長河，今天正以新姿態面向新世代。

筆者謹以此文向粉嶺的先賢和關心地區的朋友致敬，也以本文作為粉嶺今日騰飛，
明天會更好的歷史見證。

〔1〕李勤德，《中國區域文化》，太原市：山西省高校聯合出版社，1995年6月，頁183-185。

〔2〕《新安縣志》（嘉慶二十四年本）與《東莞縣志》（宣統元年本）有所出入。

〔3〕據小坑新村村長黃官新先生，於2003年3月相告。

〔4〕例如刺史一職，唐時為一州行政長官，宋保留其官職，但無職掌、無定員，不駐本州。僅為武臣寄祿之用，地位不高，較團練使還低，亦曾被曲解。

〔5〕見 E. J. Hobsbawn et. al. *The Invention of Tradition*，陳思文著譯導論，頁12。

〔6〕同上，頁13-16。

〔7〕見粵贛邊《鄧氏聯譜》第一卷，頁435-437。然於鄧根年兄所贈與手抄本《鄧氏五大房》不合。手抄本云"漢黻公……開寶六年，宦游至莞、卜居岑田桂南山……今東莞所分之新安錦田"。

〔8〕婆皇女事，屢見於鄧氏族譜，《新安縣志》載之，但有學者質疑，甚至譏之為"創族神話"。

〔9〕承鄧根年兄贈手抄本《鄧氏族譜》（龍躍頭）所記。

〔10〕同上。年份考訂見陳垣《二十史朔閏表》。

〔11〕見新界鄉議局翻印《新界原有鄉村名冊》，1991年。

〔12〕見《重修龍溪庵碑》藏今龍山寺，承張漢韶兄影印見贈，謹致謝。

〔13〕粉嶺鄧族籍屬問題，曾有學者提出質疑。見（日）田仲一成，《中國的宗族與戲劇》，頁208-214。

〔14〕本文用的是1989年版（以下稱《彭氏族譜》）承彭坤祥先生見贈，謹致謝。

〔15〕《彭氏族譜》，頁9、77。

〔16〕其稱見龍山田壠貝（今粉嶺皇后山）太始祖、二世祖墓碑。

〔17〕《彭氏族譜》，頁59、80。

〔18〕見粉嶺皇后山及皇崗山彭氏三代祖墳墓碑。又見彭氏宗祠中木主。

〔19〕《彭氏族譜》，頁60。

〔20〕上述有關論述，參見 T.R. Tregear，*A Survey of Land Use in Hong Kong & the New Territories*，1958。

〔21〕方行編，《中國通史——清代經濟卷》下卷，頁1999-2187。

〔22〕《清史稿》列傳二一，卷二三四。

〔23〕同上，志九一，卷一一六。

〔24〕同上。

〔25〕《順治實錄》卷一〇二，轉引自舒國雄編，《明清兩朝深圳檔案文獻演繹》卷二，頁564-565。

〔26〕《新安縣志》卷一三。

〔27〕同上。

〔28〕屈大均，《廣東新語》卷二，地語，頁52。

〔29〕《清史稿》列傳二一、卷二三四。

〔30〕同註28。

〔31〕《清史稿》，表三七疆臣年表一，卷一九七。

〔32〕同註2。

〔33〕《清史稿》，列傳四三，卷二五六。

〔34〕同上，表四一，卷二〇一。

〔35〕同上，志九一，卷一一六。

〔36〕《康熙實錄》卷一九至二七，載舒國雄（編）前揭書，頁570-573。

〔37〕同上，頁580，此處所記與《東莞縣志》（宣統元年本）有別，其載曰："七年春，王來任卒於任"。

〔38〕舒國雄（編）前揭書，卷二，頁579-580，本文與《新安縣志》卷二二所載有出入。

〔39〕同上，頁581-582。

〔40〕舒國雄編，前揭書，頁549。

〔41〕《清史稿》，列傳四三，卷二五六。

〔42〕《新安縣志》，卷一四。

〔43〕同上，卷二二。

〔44〕今日粉嶺鄉事委員會 28 條村落、客籍村約佔一半有多。

〔45〕梁方仲編，《中國歷代戶口田地田賦統計》，頁 462。

〔46〕此段所記，節錄廖潤琛編，《周王二公史蹟紀念專輯》（1982 年版）承廖族父老相贈，謹致謝。

〔47〕舒國雄編，前揭書，頁 1668-1669。

〔48〕A Porter (ed), *The Oxford History of the British Empire Vol. III*, PP.51, 53-55, 59, 89, 95, 120。

〔49〕同註 1，頁 1676-1680。

〔50〕舒國雄編，前揭書，頁 1700。

〔51〕同上，頁 1701。

〔52〕由香港政府在 1900 年出版。

〔53〕舒國雄編，前揭書，頁 1697 及頁 1704。

〔54〕*Hong Kong Government Gazette*, Vol.45 No.45 Notification 501,1899（以下簡稱 H.K.G. Gazette）。

〔55〕詳見《駱克報告書》。

〔56〕龍躍頭鄧族父老言，英人接收新界時，曾與該族激烈衝突，很多鄉民逃亡回內地。鄧根年先生於 2002 年 2 月口述。

〔57〕*H.K.G. Gazette*, Vol.45, No.17 Notifications 201, 1899。

〔58〕同上第 12 條，中文告示。原文如此，頗生硬但可解讀。

〔59〕*H.K.G. Gazette*, Vol.45, No.26 Notifications 304, 1899。

〔60〕A. Porter (ed) op. cit. PP.170-180. 論之甚詳。

〔61〕*H.K.G. Gazette*, Vol.45 No.32 Notification 387, 1899，詳列新界七約之下分約各成員之名，可參閱。

〔62〕A. Porter (ed) op. cit. P.171 及 J.M.Brown (ed), *The Oxford History of the British Empire, Vol IV* P.235, P.519.

〔63〕S.W.R.Chiu et. al. *The Colonial State & Rural Protests in Hong Kong*, P.5.

〔64〕*H.K.G. Gazette*, Vol.47, No.55 Notifications 446, 1901.

〔65〕同上及 Vol.47, No.26 Notifications 229.

〔66〕*H.K.G. Gazette*, Vol.51, No.36 Notifications 482, 1905.

〔67〕*H.K.G. Gazette*, Vol.52 No.1、No.2、No.16 和 No.29 所載的中文憲示。

〔68〕黎敦義《歷變中的香港》一書第五章，有他於 1950 年代當大埔理民官時的回憶錄可參考。

〔69〕S.W.R.Chiu op.cit. P.16, P.21.

〔70〕*H.K.G. Gazette*, Vol.47, No.58 Notification 464, 1901.

〔71〕C.Munn, *Anglo-China : Chinese People & British Rule in Hong Kong 1841-1880*, P.X.V.

〔72〕粵贛邊《鄧氏聯譜》第一卷，頁 439。

〔73〕*H.K.G. Gazette*, Vol.48 No.27 Notification 264, 1902.

〔74〕同上，Vol.47 No.64 Notifications 579, 1901。

〔75〕同上，Vol.48, No.39 Notifications 62, 1902。

〔76〕同上，Vol.48, No.76 Notifications 790, 1902。

〔77〕同上，Vol.50, No.15 Proclamation, 1904。

〔78〕同上，Vol.51, No.35 Proclamation, 1905。

〔79〕Paul Tsui Ka Cheung's Memoir Ia 見 http://www.galaxylink.net/~John/paul/paul.html.

〔80〕*H.K.G. Gazette*, Vol.47, No.55 Notification 446, 1901.

〔81〕薛鳳旋編，《香港發展地圖集》，頁 106。

〔82〕同上。

〔83〕英軍於 1997 年前仍佔用上述軍營，回歸後大部分已改作其他用途，少數由駐港部隊使用。

〔84〕*H.K.G. Gazette* , Vol.55, No.27 Notification 392, 1909.

〔85〕P. Tsui K.C. Memoir 2.

〔86〕同上，Memoir 3。

〔87〕見《從謙紀盛集》（1959 版）及《崇謙堂徵信錄》（1983 版），謹向歐陽村長致謝。

〔88〕《新界鄉議局成立六十周年慶典特刊》，1986 年，頁 41。

〔89〕《慶賀新界鄉議局第廿四屆就職典禮專冊》，1980 年。

〔90〕同上。

〔91〕李國鳳先生（李仲莊先生裔孫）於 2003 年 2 月口述。

〔92〕同註 87。

〔93〕A.Whitfield Hong Kong , *Empire & The Anglo-American Alliance at War 1941-1945*, P.13.

〔94〕上項敘述，承上水石湖墟田料米業商會會長林壽洪先生，於 2003 年 1 月見告。

〔95〕A. Whitfield op. cit. P.13.

〔96〕關禮雄，《日佔時期的香港》，頁 171-172。

〔97〕上述例子，承蒙一位不願透露姓名的粉嶺區原居民校長，於 2002 年 12 月見告。

〔98〕關禮雄前揭書，頁 168-169。

〔99〕《港九獨立大隊史》，頁 135。

〔100〕同上，頁 39。薛鳳旋編，前揭書，頁 39。

〔101〕《港九獨立大隊史》，頁 32-36，頗詳盡地交待土匪如何橫行鄉間。

〔102〕薛鳳旋編，前揭書，頁 39。又《港九獨立大隊史》，頁 11、32。

〔103〕A.Whitfield op. cit. PP.64-78, 215-220，詳述英政府內部爭拗。

〔104〕*H.K.G. Gazette* (British Military Administration), Vol.1, No.1 Proclamation No.1, 1945.

〔105〕《港英獨立大隊史》，頁 185。

〔106〕許舒，〈祝賀鄉議局六十周年紀念〉載《新界鄉議局成立六十周年慶典特刊》，1986 年。

〔107〕《新界鄉議局成立六十周年慶典特刊》，頁 57。

〔108〕P. Tsui K. C.'s Memoir 3.

〔109〕《新界粉嶺聯和置業有限公司建設聯和墟場招股節略》，1948 年。

〔110〕見《聯和有限公司收股登記部》手抄本，1948 年。

〔111〕見香港新界聯和置業有限公司 1948 年簽發的股票及公司註冊證（Certificate of Incorporation of Luen Wo Land Investment Company Ltd.）。

〔112〕見《聯和置業有限公司組織大綱及章程》，1949 年。

〔113〕見《粉嶺區鄉事委員會會所重修開幕特刊》，2001 年，頁 23。

〔114〕詳見《招股節略》，頁 2-3。

〔115〕見聯和置業有限公司《董事會第四十八次會議》及《董事會第四十九次會議》記錄（手抄本）。

招子明

第二章

龍躍頭鄧氏：
一個古老又年輕的宗族

引言：粉嶺的地緣政治

香港的新界原屬廣東新安縣[1]。1898 年，腐敗無能的清廷被迫將其租借給佔居港島的英國殖民當局，成為香港新版圖的一部分，取名"新界"（New Territories）。自古以來，這塊南中國土地孕育著無限的生機，不斷地吸引移民前去創業墾殖，其中也包括後來成為新界"五大族"的鄧氏、侯氏、彭氏、廖氏和文氏[2]。

中國皇朝的有效統治歷來只延伸到縣[3]。自縣以降存在著某種程度上的權力真空，須倚賴地方上的名門大戶作為"鄉紳"輔佐，來維持"王道正統"。在開拓較晚的廣東，由於山高皇帝遠，為地方政治留出了更多的活動空間和迴旋餘地。不過，南中國鄉紳們所代表的，往往是由父系血緣關係演變而來的宗族或氏族。一旦崛起後，這些宗親團體便在地方政治中叱咤風雲，縱橫捭闔，成為南中國地緣政治的一大特色和傳統[4]。

新界的這種地緣政治在粉嶺得到了最集中的表現。"五大族"在新界的這塊罕見的平原上比肩而立，蟄居一方：東有龍躍頭鄧氏，西有粉嶺彭氏，北有上水廖氏以及河上鄉侯氏，南有林村的文氏。他們明爭暗鬥，相互覬覦，在粉嶺這個舞台上演了一齣齣此消彼長、周而復始的歷史劇。其中，林村坐落在和粉嶺毗鄰的山谷裡，只能算是一個邊緣地區。但是在歷史上，林村的文氏長期捲入粉嶺的政治漩渦之中，因緣際會長袖善舞。20 世紀初，他們由於種種原因才急劇衰落，被其他氏族邊緣化而退出了粉嶺的政治舞台。

龍躍頭鄧氏是一個既古老又年輕的家族群體。作為粉嶺的"名門大戶"，它的資格比後來發瀦的文氏、廖氏和彭氏更久遠。早在粉嶺還是"雙魚洞"的時代，所謂的"五大氏族"僅有其二，即侯氏和鄧氏。它們被雙雙列入地方縉紳名單之中。14 世紀，龍躍

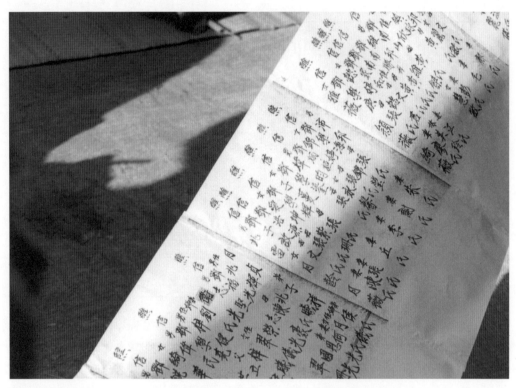

人緣榜，記錄了戶主及其家人名稱，包括了嫁入該村以及該村未嫁的女性。（1993 年，陳國成攝）

頭鄧氏脫穎而出，以其財富和勢力獨步粉嶺長達幾個世紀。然而他們同時又是一個"年輕"的族群。每逢重要的歷史轉折關頭，龍躍頭鄧氏往往善於審時度勢，在變化中求生存，求發展，自強不息。無怪乎，隨著鄧氏家族進入不同的歷史時期，它每每煥發出新的活力。本文將著重探討他們如何在現代化潮流的衝擊下，設法順應社會變遷，與時俱進。

新界的鄧氏：歷史與傳說

新界的鄧氏並非只有龍躍頭一支，他們還分佈在錦田、屏山、廈村、大埔頭、萊洞等地。這些地方上的鄧氏也和龍躍頭的鄧氏一樣，各自組成單姓宗族。人類學家對"宗族"有嚴格的定義。凡宗族成員不僅同宗同祖，一起參與祖先崇拜，集體領有祖產，分享祖嘗，而且每個成員和祖先的血緣關係以及成員之間的親屬關係都有明確的界定。這種界定一方面通過族譜將之規範化，另一方面又以口頭的形式流傳。在龍躍頭，鄧氏子孫均須報備祠堂，記錄在案方能正式接納為宗族成員，俗稱"報丁"。

根據《龍躍頭鄧氏譜系》、《錦田鄧氏師儉堂家譜》、《南陽鄧氏族譜》和《鄧其璠族譜》等文字記載，鄧氏是中原士大夫之後，在晉懷帝永嘉年間因"五胡亂華"而南遷（307-312）。11 至 13 世紀期間，鄧氏的一脈又由於"靖康之亂"（1126）和其他種種原因，次第經江西吉水，廣東南雄、東莞等地移民寶安縣。這些新移民的血緣可追溯到同一鼻祖，即鄧符協，所謂的鄧氏"寶安世系"即由此發端。傳到第四代，已分"五大房"：元英、元禧、元禎、元亮以及元和。以上五房在東莞興建了宗祠"都慶堂"，並設祠產，從而形成一個世系大宗族。但是隨著歲月的流逝，一部分鄧氏子孫或分居離開寶安（後成為"新安"），或無嗣而凋零。其中元英、元禧、元和的後代先後都異走他鄉，分散到東莞、茂名，甚至廣西一帶，因而有不知所終者。元禎、元亮兩房人丁更興旺一些，他們的後裔絕大部分駐足新安。例如元禎的子孫集居在元朗屏山一帶。其餘的宗族均從元亮所出，他們分佈於新界的龍躍頭、錦田、廈村、大埔頭、萊洞等地，只有第三房的子孫遷往東莞石井定居。

圖 1 扼要地描繪了鄧氏的"世系大宗族"和"新界大宗族"的衍變過程。其中的"大宗族"一詞相當於人類學著作中所謂的 "higher-order lineage"[5]。作為血緣組織，它是由若干個同姓宗族組成的一個散居共財的群體。這猶如若干個小市場聯網形成一個大的集散中心一樣。通過這種"聯網"，大宗族的成員一起"慎終追遠"，達到"尊祖敬宗收族"的目的，從而維繫彼此的親情和內部的凝聚力。為此"都慶堂"的頭門對聯開宗明義曰：

五派總同源合兩邑以敍天倫愛敬達馨香之德

一陽初轉律奏母音以報本始和平發金石之聲[6]

　　除此以外，大宗族的成員還在經濟上和政治上同聲相應，同氣相求，織成一個超地域的關係網，資訊網。長期以來，鄧氏大宗族人丁旺，分佈廣，涉政深，協作多，往往使他們的關係資訊網在新界無出其右者。作為這個大宗族的主要成員之一，龍躍頭鄧氏當然積極參與，得益匪淺。

圖1：新界鄧氏大宗族的形成示意圖

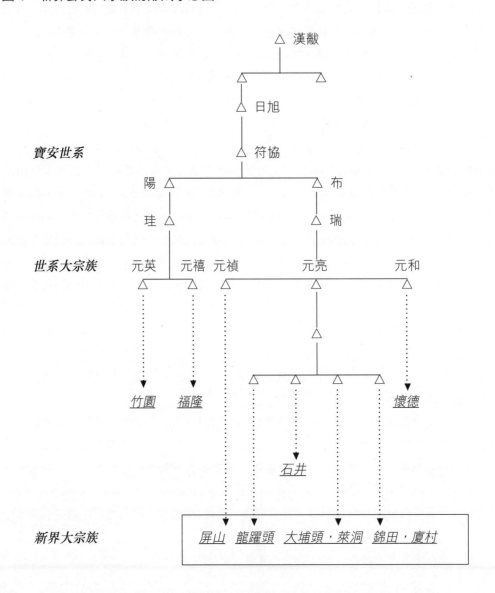

　　"大宗族"又是一個祖先崇拜的共同體。新界鄧氏在這方面是十分執著的。他們所祭祀的祖宗主要包括鄧符協（子）、鄧日旭（父），以及鄧漢黻（曾祖）。鄧氏的這三處祖墳，分別坐落在橫州的丫髻山和荃灣。據說它們都是風水寶地，並分別被冠名為"仙人大座"、"半月照潭"和"玉女拜堂"。其中數鄧符協的"仙人大座"氣勢最為磅礴。它雄踞丫髻山的山腰，左青龍右白虎，與一灣活水相望，在雍正四年（1726）被列為中華名墓之一[7]。鄧漢黻也在此山上佔據了一方好墓地，即"玉女拜堂"，與觀音山的龍脈遙相呼應。每年清明節的前後，新界的鄧氏便以宗族為單位，分期分批，浩浩蕩蕩地去祖墳墓祭，頂禮膜拜。至於鄧日旭在荃灣鱟地的"半月照潭"，更是遠近聞名。1950年代，它面臨拆遷的命運，在鄧氏大宗和港英當局之間挑起了一場曠日持久的對峙，不但轟動了香港，而且驚動了倫敦的樞密院。該墳地處荃灣工業區的咽喉要道，鄧氏一年一度祭奠的盛況，和當年相比仍不遑多讓，觀光客成群結隊而來，交通為之阻塞。

　　作為寶安世系的始祖，鄧符協於宋徽宗崇寧四年（1105）進士及第，授陽春縣令，官至南雄倅[8]。卸任後攜家眷至寶安縣岑田（今新界錦田）歸隱田園，教化一方。他建立了"力瀛齋"書院，聚朋講學，兩次在翁炳詠頌寶安的100首詩鈔中被提到，霍暐也在他的一卷長篇力作中記敘到該書院[9]。及至1819年，《新安縣志》卷二十一仍寫道，力瀛齋雖已傾倒，但當年基石猶在。鑒於鄧符協高中進士這件令地方生色的事，未見諸於寶安縣的縣志，他的外來身份是毋庸置疑的。將他定為寶安世系的始祖，也意味著將鄧氏進入新界地區的下限推遲到12世紀初左右[10]。鄧漢黻和鄧日旭的墳墓雖然都在新界，但他們的骸骨有可能是易地重葬的。鄧氏的先民是客家人，移民時帶上祖先的遺骨，是客家特有的風俗，也符合鄧符協重視"忠孝節義"的士大夫背景。以上分析和鄧氏族譜有一定出入，後者大都記載，鄧漢黻於開寶六年（973）在"承務郎"任上告老來岑田定居。不過，這一說法值得商榷，因為它和鄧符協的史料過於雷同，又無法說明為何他的曾孫鄧符協及第時不是寶安縣的舉人。

　　在寶安世系的五大房中，以元亮和他的子孫的經歷最富傳奇性。根據鄧氏族譜的記載，鄧元亮號銑，正六品承德郎，曾為江西贛縣縣令。靖康建炎三年（1129）在虔（即贛州）護隆佑太后、潘妃有功。不久，元亮再次提兵勤王，未果，但在亂軍中解救了正在逃難的"幼宗姬"，後來又將她許配給自己的兒子鄧自明，號惟汲。父子倆都不知道她其實是宋高宗之女，孝宗之姊。宋光宗（1190-1195）即位後，知道了她的下落，以"皇姑"相稱，追認鄧自明為"稅院郡馬"，並賜田地，山林和渡口於東莞。"皇姑"育有四子：林、杞、槐、梓。（見圖2）作為長子，鄧林被授以"迪功郎"，而他的弟弟都成了"舍人"，即皇親國戚的別稱。林和杞隨母遷往東莞莫家洞，槐與梓則留守寶安。

　　對於以上的記載，人們一般把它當作傳說而已。約翰·卡姆（John Kamn）更直截了當地稱它為"奠基神話"[11]。然而，這段"神話"在歷史上似乎受到過認真的對待。

圖 2：元亮房的分支和繁衍

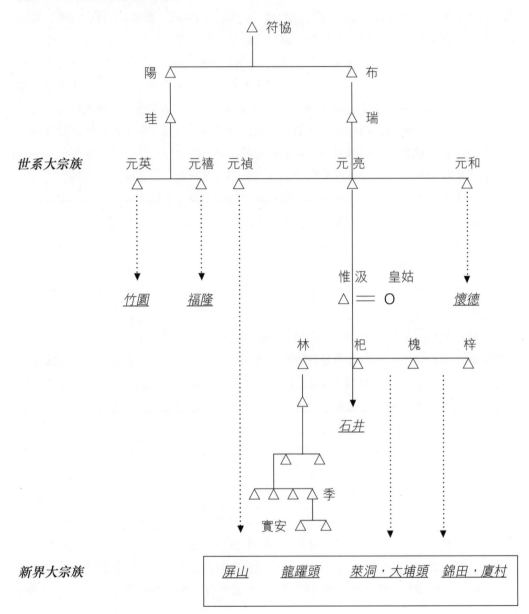

世系大宗族

新界大宗族

明朝弘治二年（1489），進士榜眼劉存業應錦田鄧廷楨（桂軒）[12] 之託對上述記載作了一番考證，並寫下《宋贈稅院郡馬紀略》[13]。後來成為朝廷太史的劉存業，特地參考省志，對建炎三年（1129）的事作了以下補充：

> 蓋在隆佑太后如虔時，……高宗以金難渡江，迄無寧宇。建炎三年秋，北師侵急，帝幸杭，命宮人從太后，如洪州過落星寺，宮人溺死者十數。次吉水縣，太和縣，失宮人一百六十。太后與潘妃以肩輿至虔州，土寇難作，城中復驚擾。亂平，帝丞迎太后歸行在。

關於鄧元亮巧遇幼宗姬一事，文章寫道：

> 是時，贛令公收拾餘燼，獲道遺子女，以次給其家，宗姬在焉。密不以實告。但稱中州士宦趙姓，家遭罹兵禍，一介弱女脫離而來，無所歸云。

劉存業還推定，鄧自明 36 歲就作古。南北議和後，宗姬差遣兒子鄧林持她的親筆信求見皇帝。光帝召見宗姬，口稱“皇姑”。這是因為高宗得宗姬時仍是“康王”，女兒出生後被冊封為“郡主”，而不是“公主”。女兒走失後，未加追封。除了賜皇姑良田十頃作為“終生奉”以外，光帝還賞了山林，津渡作為她的“脂粉資”和“湯浴資”，等等。皇姑終年 87 歲，葬於東莞石井獅子嶺。

劉存業這番考據的影響，可謂經久不衰。足足兩個世紀過去了，東莞知縣在康熙二十五年（1686）的一則曉諭中，還勒令禁止在稅山（即石井獅子嶺）皇姑墳墓的前後左右偷葬，盜葬[14]。當禮部侍郎蔡升元在康熙五十一年（1712）為皇姑墓地的重修作墓誌銘時，又將劉的言論複述了一遍，並指出皇姑的墓地俗稱“獅子滾球”，風水非比尋常，是由國師厲伯韶親自踏勘，經皇姑同意選定的，云云[15]。銘文最後云：

> 獅子之嶺紫氣祥雲，
> 下有吉穴宋室淑人，
> 天璜貴裔作配名勳，
> 崇蔭馬鬣以利後昆，
> 千秋萬載松柏森森。

凡此種種，無不有利於提高元亮後裔的名望和地位，擴大他們的勢力和影響。而鄧氏的後人們也確實樂此不疲。殊不知，“福者禍所依”。隨著南宋的傾覆，大江南北便成

從馬頭峰東望龍躍頭及龍山全景。(1997 年,陳溢晃攝)

龍山上俯瞰，龍躍頭全景。（1993 年，陳溢晃攝）

了元朝（1279-1368）的一統天下。新統治者公然歧視漢人，對於前朝的遺老遺少和皇親國戚更是迫害有加。既然"皇姑"的傳說通過《廣府志》，《東莞縣志》廣為流傳[16]，對她後裔的迫害也是遲早的事。作為長房（鄧林）的子孫，鄧季琇（1302-1387）本來就首當其衝。鄧季琇號松嶺，乃四兄弟中的幼子。因為他耿直，迫害也來得更厲害。族譜描寫他說："有隱操遭元鼎沸"，以致"厥基為大家所佔"[17]，變得一無所有。不得已，他隻身逃離東莞，潛往龍躍頭再圖發展。

鄧松嶺中年喪妻[18]，到了60歲才在龍躍頭重新娶妻成家。前後相隔近20年，可見創業之不易。他晚年喜得兩子，可惜只存活一個（即實安），等於單傳。通過胼手胝足的墾植，松嶺開闢了沃壤腴田百餘畝，不久又將彭氏逐出了龍躍頭。誰知好景不常，明洪武年間（1368-1398），松嶺落入了東莞伯何真的圈套。當時國是初定，百廢待興。朝廷為了明徵實收錢糧，在全國範圍內丈量土地。在何真的誘騙下，松嶺決定用何的名義申報自己的土地，以換取賦徭的豁免權與何真的保護。但是，當朝廷在1380年間核實地權時，何真將凡是過戶在他名下的土地全部佔為已有。幸虧不久何真牽扯上一宗莫須有的叛逆案，並在1393年受株連[19]，龍躍頭鄧氏才得以收回自己的田地，但鄧松嶺已作古了。

龍躍頭三起三伏

龍躍頭的鄧氏從遙遠的過去一路走來。本篇將拂去歷史的塵埃，回顧這個宗族漫漫的蹤跡。即使從鄧松嶺算起，到1950年代末為止，這段歷程也長達六、七百年。其間，鄧氏宗族設法與時俱進，才得以綿延不絕至今。其實，在歷史的長河中，他們的先人們常常是"弄潮兒"，敢於在關鍵時刻站到潮流的前面。這為他們的宗族帶來了生機，生氣，和三個上升期，即"三起"。然而歷史的進程又是跌宕起伏的。它就像一條大河，不免有漩渦和暗流，也會有徘徊徬徨的時候。龍躍頭鄧氏宗族的歷史又何嘗不是如此！它曾有三個低迷期，也即"三落"。

宗族的崛起

龍躍頭背靠龍山，頭枕梧桐河，由五圍六村組成，包括老圍，麻笏圍，永寧圍，東閣圍，新圍（覲龍圍），祠堂村，麻笏村，永寧村，新屋村，小坑村，和小坑新村。民居像眾星拱月似的，將鄧松嶺宗祠圍在中間，逐漸向外輻射。龍躍頭宗族的始祖，當然非鄧松嶺莫屬。但是他並不是第一代"焦祖"。"焦祖"的英文是 focal ancestor（焦點祖先），指派下有分支，並為後代留下蒸嘗田等財產的祖宗。在南中國，這樣的財產又稱

"祖"或"堂"。它們所擁有的財產猶如今天的"信託基金"，由直系後裔共同繼承，代代相傳。它的出息主要有三種用途：一部分用於祭祀，一部分作為"蒸嘗"分發給子孫，一部分資助公用事業或擴大再生產用。因此，"祖"和"堂"的設置不僅使一個"焦祖"香火不斷，而且促使他的後裔們同產共居。回顧鄧松嶺，他的次子早年夭折，只有實安這一脈，派下既無分支，去世前田地又為何真所佔，所以他不是一代焦祖。

龍躍頭鄧氏的興旺始於實安。鄧實安（1363-1421）號龍岡，生有六子：宗仁、宗義、宗禮、宗智、宗信、宗和。《龍岡鄧公墓誌銘》說實安有祖上遺風[20]。除了農耕，他閒來時"從容自適溪山風月吟嘯之樂"。鄧氏家族之所以會在他的手裡中興，除了何真的垮台以外，還有兩個原因：有賢內助及重家教。有人曾戲言道，"公為簪纓之冑，天性純篤，善於貽謀，而克紹乎先知；孺人之賢，淑德祥順，善理家業，而垂裕於後昆"。大意是說你龍岡一心發揚官宦人家的傳統，向先輩看齊；爾妻葉氏則孜孜不倦地治理家業，為後代造福。龍岡的六子無不"篤學敦禮，克振家聲"，可見家教之嚴謹。其結果是"昆季和氣溢於門閭，廣澤延於後嗣"。

及至 1450 年，龍躍頭鄧氏已形成一個以鄧宗仁（1389-1456）為首的父系家族，成員達 70 餘人，三代同堂。其中第一代由宗仁六兄弟和他們的妻子組成，第二代有男丁 20 個，第三代的男丁也達 13 個。凡是男丁，無不在"龍岡祖"的庇蔭之下。不久，宗仁等也先後成為焦祖，為自己的後裔留下了祖產，包括燕爾堂，堂高祖，耕樂祖，思岡祖，和耕隱祖等等。祖和堂是一種家族"公有經濟"，它越發達，家族的實力就越可觀。15 世紀下半葉，龍躍頭的實力迅速膨脹。各房所積累的財產當然又是有差異的，以七房宗和的"耕隱祖"最富有，其次是長房宗仁的"燕爾堂"。鄧宗和（1409-1458）是幼子，但是他還有一個姐姐，故排行第七。

16 世紀是龍躍頭的世紀[21]。經過四代人的努力經營，鄧氏的財富終於獨步粉嶺和新界。1525 年，他們蓋起了一座氣勢恢宏的宗祠——松嶺鄧公祠。該祠的主要建築材料都運自東莞，主樑和橫樑上都有極其精美的雕飾，瓦頂以石灣燒製的鰲魚、獅子作裝飾。宗祠採用柱樑式結構，三進二院，為新界規模最大的宗祠。第一進是門廳，兩旁各設有耳房和議事處。第二進中廳，又名"萃雲堂"，是宗族集會，舉行祭祀等各種儀式的地方。繞過木製大屏風，是通往後院和後廳的大門。此門長年關閉，只有在節慶和祭祀日子才開放。第三進後廳供奉著祖先的牌位，並分為三龕。中央供奉從鄧元亮到宗仁兄弟共八世"開基祖群"，左龕是八世以下有特殊建樹的祖先，而右龕則是歷代宗族長老。每龕分六層，每層容納 14 至 15 位祖先。從祠堂供奉的大量神位來看，龍躍頭鄧氏的勢力當時比錦田鄧氏還要大[22]。

在建立鄧公祠的同時，"皇姑"的故事也正式載入宗族史冊。明嘉靖四年（1525），都轉運使黃閱古在《祠堂序·龍躍頭》中寫道："祖元亮直承郎生子自名，尚宋姬授稅院

粉嶺松嶺鄧公祠。（攝於 1976 年）

修葺後的松嶺鄧公祠。（2005 年，陳國成攝）

郡馬……前後賜田以千計。後僉判架閣世繼光顯，寔趙宋懿親之裔也"[23]。另一篇由陳節執筆的祠堂序，也提到鄧惟汲尚宋皇姬。無怪乎，鄧公祠的建築規格特殊。例如，它的庭院不設迴廊，猶如皇家庭院。這種格局又稱"四簷滴水"。此外，庭院下水道的入口都做成"金錢眼"，檔中設於中廳，祠堂正門前還有文武官員"下馬杆"等等。鄧公祠是一道里程碑，它既標誌著龍躍頭鄧氏宗族的崛起，又通過文人的筆墨為皇姑樹碑立傳。這一切都要歸功於宗和之三子修德的深謀遠慮。是他首先"謀諸族人"[24]，是他"率宗族子姓，辟地建祠"。由於他，龍躍頭蓋起了新界最古老的宗祠，比其他家族建祠竟提早了兩個世紀之久[25]。

隨著鄧公祠的建立，龍躍頭過渡成為宗族，從而在寶安開創了一個新傳統。中國宗族的組織形式是在宋朝理學大師程頤（1033-1107）和朱熹（1130-1200）的影響下奠定的。其主要特點是同居共產和祖宗崇拜。作為二者的集中體現，鄧公祠為族人提供了一個凝聚點，一股向心力和集體意志。在小農經濟條件下，宗族有無可比擬的競爭力。鄉間的個體經濟以家庭自然分工為主，資本和勞力有限，生產力也因此受到制約。鄧氏宗族卻有一大群同居共產的"叔伯兄弟"為後盾，在人力和物力上游刃有餘，可在奪取土地資源的競爭中弱肉強食，為自身和成員們謀取更多的利益。這種優勢使人想起在龍躍頭流傳的一個故事。據說鄧林代皇姑覲見光宗之後，被賜予一隻木鴨，允許他"放鴨圈地"。換言之，一旦將木鴨放入河中，只要它一路上不觸岸，兩岸的土地都歸鄧氏所有，該鴨後來由鄧松嶺繼承，云云。這個傳說當然是查無實據，但不一定是空穴來風[26]。它也可能反映了龍躍頭在爭奪土地中無往而不利。宗族組織就是龍躍頭鄧氏的"木鴨"。

遷界禁海，無妄之災

康熙元年（1662），為了對付在台灣樹起反清復明大旗的前朝餘孽，切斷他們的供應線，清政府下令浙、閩、粵三省沿海居民後撤五十里，大小船隻一律禁止出海。這就是歷史上所謂的"遷界禁海"。在隨後的八年中，無數生靈塗炭，或死於飢餓，或死於疾病，或死於艱辛的流浪生涯。更多的人因此家破人亡。新安縣是受害最嚴重的地區之一，龍躍頭也未能逃過這一劫。

《龍躍頭溫氏族譜》對"遷界禁海"有生動的記載。此譜假借"溫氏"之名掩蓋一個真相：即譜內所收的文字其實是宗和房六世孫子鄧觀文所寫。估計是因為他直言無忌，後人怕惹來文字獄才作此竄改。例如，作者在《移村記》中抨擊"移村避寇"為無妄之災，感歎"一移之後有再移，再移之後又議三移"所帶來的苦難，指出吏治腐敗，小百姓"死生任由所以"，並揭露"遷移之民十存二三"。所有這些都是龍躍頭的真實寫照。1669年遷界禁海取消後，重返龍躍頭的族人大都屬於長房和七房。三房和五房已分別遷往永安和北州，游離在外。二房和四房的子孫雖然回歸故里，但是他們本來人口就不多，如今更加凋零。

重返家園的鄧氏面臨一系列亟待解決的困難。例如，為了堅壁清野，清政府已將沿海大部分民居夷為平地，人們不得不在草棚裡棲身。又例如，儘管物資奇缺，朝廷仍不准出海[27]。觀文在《復界記》中歎道，"百物騰貴，惟穀獨賤"，農耕難以為繼[28]。可是，對鄧氏宗族而言，最嚴峻的考驗還是來自粉嶺地區其他家族的挑戰。例如，廖氏的財富在遷界禁海令取消後不斷擴充，並於 1688 年在上水建起了第二個圍村。究其原因，是由於 1669 年以後，新安縣地多人少，官府為振興農業，積極鼓勵墾荒，土地予取予求。一個家族所擁有的土地因此和它的人口成正比。龍躍頭人丁驟減，土地大量流失。廖氏人丁興旺，土地迅速增加。

東山再起大埔頭

龍躍頭用短短三年的時間驅散了遷界禁海遺留下來的陰霾。這次東山再起仍以一個傳奇故事為契機。不過，事情要從"孝子寺"説起。該寺原為紀念龍躍頭宗信房的曾孫鄧師孟而建。明隆慶年間（1567-1572），海寇林鳳掠走其父，師孟懇求以身代父，寇允之。不料，他隨後投海自盡，免得父母為張羅贖金而傾家蕩產。邑令邱體乾修表記之，朝廷下令表彰。長房宗仁的仲房玄孫鄧仕獻急公好義，在大埔頭"督率以建孝子祠"。該祠於 1595 年落成。

1672 年，官府應鄧氏的請求撥下孝子祠周圍的土地，交龍躍頭和大埔頭宗族共建墟市，以養孝子祠之需。龍躍頭理所當然地成了墟主，並以孝子祠的名義制定章程，維護買賣，調解糾紛，出租舖面，提供進出市集的舟船擺渡，等等。這無疑為龍躍頭提供了一棵搖錢樹，財源滾滾而來。觀龍圍是這段歷史的見證。該圍村牆高二丈，牆外環以護城河。圍牆的牆基用花崗岩砌築，厚四尺，牆身以青磚壘成，上有槍眼，四角築有炮樓，供村民防盜寇用。觀龍圍的門樓由麻石和青磚築成，是座罕見的兩進式建築，樓頂還配以船形正脊，相當獨特。門楣上鐫刻著"乾隆甲子歲"，表明觀龍圍建於 1744 年。此圍原本是作為龍躍頭的銀庫而造。

大埔墟的建立順應了新界發展商品經濟的需要。不久，龍躍頭仲房子孫中湧現了一批精明的商賈，其中尤以元位和元捷兩兄弟最成功。元位（1742-1805）靠造作發財致富後，於 1781 年為自己捐了功名。鄧元捷是由兄長扶育成人的，但青出於藍而勝於藍。他經商積累的"家業約有萬計"，並"樂捐祖嘗"[29]。此外，他又嗜讀經書，於 1791 年成為國學生，1797 年考取貢生[30]。因為元捷足智多謀，口若懸河，故常代表鄉鄰與官府周旋。

1970 年代的觀龍圍。(陳溢晃提供)

觀龍圍維修城牆的情況。（1993 年，陳溢晃攝）

觀龍圍重修竣工進行剪綵的情況。（1996 年 4 月 13 日，陳溢晃攝）

官商結合使龍躍頭富甲一方，其他宗族也隨之仿傚。1819 年前後，廖氏在石湖建墟，此墟迅速成為上水一帶農產品和畜牧家禽的交易中心。多年後，彭氏也策劃建墟，與大埔墟競爭。彭氏和龍躍頭不但有歷史恩怨，而且土地毗鄰，常為爭奪水土資源而起爭執。鄧氏與打鼓嶺小宗族簽訂"四約"，就是為了箝制彭氏。彭氏也不斷與廖氏爭鬥，故後者應是龍躍頭天然的盟友。但彭氏深諳遠交近攻的策略，與侯氏結盟。凡是廖、鄧贊同的，彭、侯就堅決反對。反之亦然。1890 年間，彭氏和大埔頭幾個不滿鄧氏壟斷墟市的小宗族簽訂了一個"七約"，議定在太和建墟。林村的文氏鼎力相助，說服衙門知照批准。不過，這已是 1893 年的事[31]，而龍躍頭在 200 多年以前開創的"農商並舉"，這時已從神奇走向腐朽。

從神奇到腐朽

龍躍頭的祖先歷來重視族內子弟的教育，目的有二。首先是教化，使族人從小潛移默化，贊同宗族所推崇的操守，如孝悌、謙讓、仁愛等。其次是鼓勵族內子弟攻讀詩書，顯親揚名，光宗耀祖。除了興辦"善述書室"等族塾以外，鄧氏還以族規勸學，敦促"上者取科第光顯門戶，次亦不失儒冠儒服，無愧詩禮之家"。族人倒也記取不忘，從 1572 至 1742 的 170 年之間，龍躍頭考取"生員"的總數超過 26 人。若每一代以 25 年計算，則一代出秀才 4 人。假設鄧氏人口近 640[32]，則相當於每 160 人出一位秀才。相比之下，新安縣 1 千人才出 1 位秀才[33]，相差懸殊。

然而，從 18 世紀下半葉開始，龍躍頭下海經商的人越來越多。年輕人發覺，他們不必對學問孜孜以求了。"農商並舉"為他們開闢了一條從商，捐功名的捷徑。根據《新安縣志》記載，到 1819 年為止，龍躍頭共捐功名官職 16 次，僅少於錦田的 20 次。同期，廈村鄧氏的捐認數是 3 次，上水廖氏為 5 次，屏山鄧氏為 6 次[34]。對於上述現象，龍躍頭宗族也顯得無奈，只能在族譜中說，某某人"屢試不售，改途貿易"，或某某人"例捐登士郎，雖非箕裘克紹，而創垂造作頗有餘資"云云，語多揶揄但又不無沮喪。

更可慮的是現象背後的驕奢淫佚風氣。"農商並舉"曾使龍躍頭柳暗花明又一村。但是它所開闢的財源到頭來糜爛了許多族人。新興的廖氏和彭氏宗族這時迅速地趕了上來。前者不僅收購了龍躍頭在西貢、林村、粉嶺等地的多處田產，而且在 1861 年以後，出了數位舉人，使鄧氏相形見絀。1896 年，太和墟的開張也進一步削弱了龍躍頭的勢力。

土地、民族、出洋

　　龍躍頭在 1899 年第三次奮起，但不久又歸於沉寂，所以本文將它們放在一起論述。促使龍躍頭鄧氏奮起的是新界被英國人接管一事。當新界居民得知自己的家園被英國強行租借後，都義憤填膺[35]。他們更擔心英國人是來掠奪他們的土地和祖產的，所以決心拿起武器保衛家園。港督卜力決定，接管儀式將定於 4 月 17 日在大埔舉行，而領導武裝抗英的「太平公局」也於 4 月 10 日在元朗成立。

　　其實，大埔頭和龍躍頭已在醞釀抗爭。4 月 2 日，香港警察司梅軒利率兵去大埔為接管儀式搭彩棚，墟上民眾向他們發起攻擊，將彩棚付之一炬[36]。4 月 15 日，來自龍躍頭和其他地區的 1 千多名團勇，在大埔西北的山上與敵交火，戰鬥激烈。16 日，英軍得到增援，才迫使民軍暫時退卻。港英當局在當天提前舉行接管儀式。次日，抗英民軍捲土重來，可惜因為武器簡陋再一次被擊退。是役，龍躍頭團練在大埔墟廣福道一帶死傷眾多，還丟了大炮。統領鄧統全以及他的弟弟事後都上了港英當局的黑名單，不得不遠走高飛。龍躍頭的「奮起」到此告一段落。它雖然短暫，卻對鄧氏宗族有振聾發聵的作用，讓它嘗到了國恨家仇的滋味。由於以下種種原因，龍躍頭將要沉寂一段相當長的時間。

　　原因之一，是英國殖民當局改變了新界的土地法。中國的地權歷來包括地皮權（即土地使用權）和地骨權（即地產擁有權）。新界的地主往往將地皮權永久地出租給佃戶，並出具地書。佃戶向地主交田租，地主則向政府交地稅。當新界居民在 1900 至 1904 年之間登記田地時，「一田兩主」的現象相當嚴重，通常一方執地契，一方執地書。港英的土地法庭幾乎每次都將地判給執地書的佃農[37]。新界有不少宗族是大地主，對於這種明火執仗奪取他們祖產的行為無不痛心疾首[38]。龍躍頭也不例外，據說鄧氏因此失去了將近四分之三的族產。私下裡，殖民當局毫不諱言，登記土地的目的就是打擊「本地地主」，扶植客家佃農[39]。

　　原因之二，是內部出了敗類，欺祖滅宗，吞沒族產。此人卻心術不正，枉為一介書生，陰險奸詐。更何況他與港英當局關係曖昧，族人都視他為瘟疫，避之唯恐不及。新界接管以後，鄧統全等人被迫出走，此人大權獨攬，成為龍躍頭第一任「司理」。按照新界管理局的新規定，司理是族產的法人，有權在政府的監督下處理有關族產的一切事務，包括轉讓、交換和出售。從理論上說，司理必須遵循族內大多數人的意志行事。實際上，在早期監督不力的情況下，司理完全能瞞天過海。他盜賣族產，中飽私囊，使宗族的公有經濟雪上加霜。有好幾十年，龍躍頭鄧氏無法像樣地舉辦十年一度的「太平清醮」。

　　原因之三，是新界的傳統農業生產陷入嚴重的危機。自古以來，新界的物產以水稻為主。《呂氏春秋》云，飯之美者，南海之秬。《新安縣志》卷一也說：邑中宜稻，名類最多。其中元朗一帶的稻米最為人稱道。可是 1950 年代初期，新界的傳統水稻生產受到了泰國廉價稻米的衝擊，陷入困境。出路之一是改種蔬菜，可惜新界人缺乏這方面的專門技能。1960 年的政府報告指出，在過去的十年裡，新界的許多地區由水稻耕種向蔬菜耕種轉移，而當地人也樂意將土地出租給來自大陸的菜農[40]。"樂意"一說其實不確，因為這種"地主"生涯根本不如當自耕農。有學者估計，在新界養活一家四口人需要 5.65 斗種的土地[41]，而靠出租土地則至少需要 7.06 斗種的土地才行[42]。耕地有限的村落、地區便出現了危機，龍躍頭也添列其中。

正當宗族的民生和前途面臨嚴峻考驗的時候，龍躍頭鄧氏又顯示了弄潮兒的本色。1958 年，他們決定由"龍岡祖"資助族人去海外闖天下，再衣錦還鄉。同年 11 月間，100 多位青壯年男丁告別龍躍頭，飄洋過海前往英倫三島。以後又有人陸續去西歐，地中海沿岸國家等。龍躍頭的這一舉措比 1961 至 1966 年新界出現的移民高潮提前了若干年[43]。它同時也為一個新的歷史時期揭開了序幕。

傳統與現代化

何謂傳統？首先，它是一種由來已久的思維，行為方式；每個傳統都有其特色。如中國宗族是漢文化特有的一種生活方式，它崇尚同居共產，慎終追遠。"農商並舉"也是一種傳統，它兼顧重視生產的農本思想，以及參與流通的重商主義。其次，凡是傳統必定繼承過去，但又不是刻板地重複，一成不變。新界宗族反對外來統治是一種傳統，因為從當初的武裝抗英到後來的消極抵制，雖有變化，但卻一脈相承。最後，傳統又有別於所謂的規範[44]，因為它不追求盲目遵循，而是著眼於感化。所以，凡是傳統都離不開倡導某種理念和象徵性行為。以祖先崇拜為例，它既是一種世界觀，又提倡某一套禮儀和行為準則。

歷史上，鄧氏在粉嶺一帶屢屢開創傳統的先河。但是 1960 年代期間，他們卻在忙於應付新的挑戰。當時族裡的青壯年男丁幾乎全在海外謀生，龍躍頭成了移民村，以女眷為主。她們不僅主持家務，敬老扶幼，而且外出打工，貼補家用。龍躍頭的婦女以勤勞、能幹著稱。1962 年前後，龍躍頭脫離了農業生產。與此同時，新界也開始向現代化、工業化，和都市化的遠景目標過渡[45]。但是，龍躍頭的民生以及宗族的運作，主要還是依靠來自海外的匯款和捐款，全賴浪跡天涯的親人的赤子之心。他們中間有人進工廠，有人做家政，有人當廚師，也有人趕上了 1960 年代興起的"中國餐館熱"，當上老闆。由於這些遊子含辛茹苦地奮鬥，故鄉的生活有了明顯起色。儘管龍躍頭五圍六村仍然因為年久失修而顯得破敗[46]，但是他們的宗族已在蓄勢反彈。1960 年代末，龍躍頭決定為重修天后宮籌款，想不到一呼百應，光海外的捐款就多達 44,000 港元。這在當時是一筆可觀的數目。

　　古語云：葉落歸根。這種思想很容易在海外華人的心中引起共鳴。經過將近四分之一世紀的奮鬥，當年的壯年不覺老矣。人一進入晚年便思鄉心切。1972 年左右，龍躍頭迎來了第一批海外歸來的遊子。他們不僅帶回來自己所有的積蓄和養老金，還帶回來他們的見識，帶回來振興龍躍頭的熱情。這種熱情是對傳統價值觀念和宗族文化的認可。去西方並未改變他們基本的人生觀。和龍躍頭相比，西方社會顯得太世態炎涼，人與人之間甚少守望相助，更何況西方的理念是個人至上，讓人感到那裡人慾橫流，缺乏責任心和使命感。而責任心和使命感正是激勵龍躍頭人在海外奮鬥的精神支柱。他們對西方的物質文明是肯定的，但是要融入西方主流社會又談何容易，所以一種寄人籬下的感覺便因此而生。總之，梁園雖好卻不是久戀之家。可以說，他們是帶著對西方社會的反思重返故里的。

　　上述的反思，很容易在 1970 年代的龍躍頭引起反響。來自世界上許多地區的民族史資料都顯示，隨著物質生活的提高，一個人，一個社區，乃至一個地區往往會對精神生活產生強烈的追求[47]，龍躍頭也不例外。一方面，"倉廩足而知禮儀"，人們在富裕起來後總想進一步充實自己，最終不免要反省人生的意義。許多龍躍頭人本能地將人生意義與宗族的命運聯繫在一起，將"知禮儀"與發揚光大宗族的傳統聯繫在一起。另一方面，現代化帶來了急劇的社會變化。外部世界的日新月異使人迷茫，產生一種失落感，迫切需要在精神上尋找寄託。這種精神上的寄託猶如"中流砥柱"，讓人在變化的激流中有所依靠。

　　傳統永遠是在繼承和變化這兩個對立面的互動中發展起來的。傳統的某些成份可以經久不變，給人以"源遠流長"的印象，這就是所謂的繼承[48]。而所謂的變化，是指傳統的結構以至含義又是可變的，只不過這種變化常常採用漸進的方式，潛移默化，不為人所注意罷了[49]。有的學者只看到傳統的繼承性，強調它守舊，一成不變[50]。也有學者只看到傳統的可變性，強調它無時不在更新[51]。但是越來越多的學者開始意識到，傳統具有相容性，既守舊又更新。例如希斯特曼（Heesterman）和坦比阿（Tambiah）等學者都認為，傳統包含了一對"內部矛盾"：一邊是理想境界，另一邊是處在變化中的世俗現實，到頭來前者總是不得不同後者妥協[52]。

　　面對現代化的衝擊，傳統能堅持到甚麼程度？這個問題曾引起許多學者的深思，大名鼎鼎的歷史學家阿諾德·托恩比（Arnold Toynbee）也不例外。在撰寫《史學研究》這部浩瀚的巨著時[53]，他對日本作了深入的研究，並認為日本文化是在以下兩種力量的爭鬥中成長起來的：一種不妨取名赫羅狄恩（Herodian），另一種不妨叫才勒特（Zealot）。前者指古代中東的一個國王[54]，他對於外來文化的精華，孜孜以求之，非徹底學到手不可。後者是指古代猶太人（69-81），他們誓死捍衛傳統文化。有瀕象表明，托恩比起初認為，在這兩種力量的交鋒中，前者必勝，後者必敗[55]。不過寫著寫著他改變了主意，最後下結論説，日本的明治維新代表著使用開放（赫羅狄恩）的手段，達到維持傳統（才勒特）的目的。一些當代學者也同意，實現現代化而不改變社會原有的結構，在理論上是可能的[56]，日本就是一個例子。關鍵是要在深思熟慮的基礎上做一些傳統的創造和改造工作[57]。從 1970 年代起，龍躍頭鄧氏宗族在改造和利用傳統方面作了不少努力。

更新族產

龍躍頭的族產有兩個來源。其一是祖和堂。如果某一房分家不析產，家長過世後，這些財產很可能成為"祖"或"堂"，用來配享去世的考妣以及沐澤後代。在龍躍頭，祖和堂都歸鄧松嶺宗祠的"萃雲堂"管理。族產另一個來源是宗族提留的祭田。所謂"祭田，"其實是分房和分家的析產過程中留出的"公產"。在福建，台灣一帶，分家留公產的做法又稱"鬮分字"，即通過抓鬮來確定每個繼承人的具體份額和留置的那份公產。父母健在時，公產用來贍養他們，故稱"贍養田"；父母死後，公產就由宗族接管，俗稱"祭田"。宗族的歷史越久，這種提留就越多，由祭田，祖和堂組成的公有經濟就越發達，宗族的實力就越可觀。

龍躍頭的鄧氏用"血食"兩字來形容祖嘗。祖嘗乃是祖傳家產的出息，其中一部分用來祭祖，一部分用來分發給嫡系子孫，即派丁。鄧氏把祖嘗比作祖先的血肉，通過擬人化的手法來強調祖先對子孫的庇蔭，以及子孫對祖先的責任。無獨有偶，這種責任與古羅馬父權制（Patria Potestas）所強調的義務很相似。在羅馬的古制下，家產屬於家庭全體成員共有，由一家之主的父親充當其"法人"（Corporation Sole），行使管理權和監護權，以保證將家產完整地移交給下一代[58]。在傳統中國，家庭的土地同樣歸父輩和子孫們集體擁有，任何個人只有看守的義務，沒有變賣、擅讓的權力，違背了就會遭到社會的譴責[59]。個人是這樣，宗族也不例外。除非不得已，一個宗族不會輕易變賣祖傳的田產。這種現象在文獻中被稱為祖傳土地的"非轉讓性"[60]，它起源於對祖先的崇拜[61]。

然而，族產的"非轉讓性"從來就不是絕對的[62]，在現代化浪潮的衝擊下，這個古老的思想就更難維持了。工業化和城鎮化大大改變了新界的人與土地的關係。隨著農業從宗族的經濟活動中淡出，新界大片的田地被閒置，不再生息，而地稅卻仍然要繳納。不少宗族的公有經濟因此一蹶不振，甚至難以為繼，振興族產便成了當務之急。新界的現代化建設需要大量的土地，從宗族的角度出發，這既是機會又是威脅。機會主要來自於新崛起的現代化經濟（商業、工業和民用事業）對土地出租業的需求猛增；威脅則來自於政府的徵地和地產開發商的覬覦。

根據英國的法律，海外殖民地境內莫不是大英帝國的"皇家土地"，即 Crown Land[63]。由於英國殖民者拒不承認中國傳統土地法中的"地骨權"，新界的地主在轉眼之間被剝奪了產權，淪為英國皇家土地的"佃戶"。殖民政府因此可以徵用新界任何私人土地。只要聽起來冠冕堂皇，官方可以漠視祖傳的產權，強行吊銷合法的皇家租約[64]，將土地移作他用，對業主失去的"土地使用權"再另行補償。如此徵地，如此行徑，自然對宗族構成了莫大的威脅。同居共產是宗族的主要組織形式。一旦族產和家園被徵用，宗族就將失去存在的基礎和意義，其成員只能拿著政府的補償金，各奔東西，一個宗族也就隨之滅亡了。粉嶺 / 上水是新界的九個新建的城鎮之一，面積大而佔地廣[65]，它的興建曾促使這個地區的一些小宗族瓦解。地產商之所以也成為威脅，是因為他們對宗族的土地，甚至家園懷有貪婪的企圖，總是千方百計地游說和鼓吹聯合開發。地產商的手法儘管和政府的高壓手段有所不同，結果卻異曲同工，均導致宗族同居共產生活方式的瓦解。

對於上述兩種威脅，龍躍頭的鄧氏始終保持清醒的頭腦。凡是鼓吹聯合開發龍躍頭的建議，他們都一概拒絕。據說全體族人形成了這樣共識：龍躍頭是鄧氏的家園，它的開發只能由鄧氏子孫來完成，不得假手他人。面對官方咄咄逼人的徵地，龍躍頭鄧氏表現出高度的政治智慧和熟練的談判技巧。一方面，他們對現代化建設的需要表示充分的理解，願意竭誠合作。另一方面，他們又很清楚自己的根本權益所在，立場堅定。所謂"祖傳之地不可棄"的古訓，自然是不合時宜了。鄧氏宗族願意在這方面變通，但是政府必須"以地換地"，並酌情補償。

雙方的第一次協商是發生在 1970 年代後期。當時通往沙頭角的公路的路面需要加寬，政府因此得徵用龍躍頭的一些土地。經過艱巨的談判，鄧氏通過"以地換地"方式獲得了村口外的一片土地。然後，他們利用官方的補償和宗族追加的投資，建起了一座兩層高的"萃雲樓"。該樓建成後，底層舖面出租予商戶，樓上出租給住家，為宗族帶來一筆源源不絕的收入。此舉揭開了龍躍頭改造族產的序幕。"以地換地"不是為了守城，而是為了重建振興傳統的族產。萃雲樓的投資回報率很高，僅 1995 年一年的房租收入，就超過了宗族當年追加投資的總額[66]。如此出色的經濟效益，堪稱重建族產的典範。

重建族產的關鍵，是同社會的需求接軌，激發族產的經濟活力。1980 年代初期，為了配合大埔墟市區配套工程的建設，香港政府決定拆除"孝子祠"。龍躍頭鄧氏於是和官方展開馬拉松式的談判，最後雙方達成了協議。為了履行這個"以地換地"的協議，政府在大埔墟市區撥出一塊建築用地，無償地蓋起四棟樓房，每棟三層，連同地皮全數歸龍躍頭鄧氏所有。第五棟樓房的地皮仍由政府提供，但是營造的費用則由鄧氏自負，共計 29 萬港元左右。自從 1983 年 8 月鄧氏接管以來，這一片樓房的租金收入非常可觀[67]，在振興龍躍頭集體經濟的過程中舉足輕重，功不可沒。很明顯，"以地換地"的策略既強調平等交易，又要求彼此互利。龍躍頭鄧氏一再利用它來推動族產的重建更新，而且運用自如，表現出相當成熟的政治智慧和經濟頭腦。

重建族產的另一個先決條件，是必須有遠見。當祖產的某一部分面臨被政府徵用時，一個宗族可以選擇接受官方的賠償，然後將錢一分了之。這種現象在新界屢見不鮮，但卻是短期的行為，因為經此一分，祖產便壽終正寢。在同樣情形下，龍躍頭鄧氏更傾向於選擇重建祖產。除了"以地換地"的策略，他們也可能另闢蹊徑，例如接受官方的賠償，然後提出一部分金額在該祖或堂的名下成立一個基金。然而，最能表現出龍躍頭鄧氏放眼未來本色的，莫過於他們殫思竭慮對閒置族產所作的改造。

龍山寺是鄧氏重建族產的又一座豐碑。這座建築高七層，正面飾以琉璃滴水簷，既似七級浮屠，又像禪院的重重屋脊。右側的外牆上覆蓋著 15 米高的觀音浮雕，頂天立地，寶相莊嚴。寺內供奉著金身三寶佛以及千手觀音。樓上還設有佛學院、講經處、大禮堂、藏書室等等。寺外有漢白玉砌成的台階、欄杆和步階，也有小橋流水，池塘假山等園林美景。這裡原是鄧氏家廟"龍溪古寺"的舊址，從乾隆二十四年（1759）起，改稱"龍溪庵"，用來安置甘願獨善其身，以自梳女終其一生的族內女子。星移斗轉，到了 1980 年代，"龍溪庵"只剩下斷瓦頹垣。龍躍頭鄧氏遂下決心籌建"龍山寺"。經過多方籌款，不懈的努力，以及數年的策劃和施工，終於在 1993 年 12 月為龍山寺舉行開光典禮。

就投資回報率而言，龍山寺遠遠及不上"以地換地"的項目，鄧氏所傾注的上千萬投資要數十年後才能收回。改造閒置族產之難，由此可見一斑。然而，鄧氏在這裡追求的不是短期回報，而是長遠利益。龍山寺的建造為長期閒置的族產注入了活力，這才是投資的初衷。龍溪庵的原址曾被闢作飼養場，從 1940 年代到 1960 年代末，年租始終不超過 7 千港元。如今，它成了風水寶地，身價百倍。更可喜的，是龍山寺不僅僅開發了一點，還帶動了一片。且不說園林管理和其他配套設施需要上馬，鄧氏還不得不花大手筆將公路引進山谷，以便香客遊人從粉嶺火車站直達龍山寺。今後，隨著龍山寺成為香港假日憩息的好去處，附近的地區將會迎來更多蓬勃的商機。而這一帶土地，多半是龍躍頭的族產，受益只在早晚之間。最後，龍山寺雖是集資建造的，龍躍頭鄧氏有理由期待，有朝一日它會成為一所向公眾開放，人們交口讚譽的宗廟。

綜上所述，龍躍頭鄧氏在更新和改造族產的過程中，表現了相當的政治智慧和經濟頭腦。"以地換地"是一個前瞻性的策略，它已為宗族集體經濟注入了新的活力。但是龍躍頭鄧氏還在勵精圖治，改造閒置的族產。無論他們的成就如何，人們不得不承認，這是一個放眼未來的宗族。

龍山寺,高七層,取七級浮屠之意,相傳建於 600 多年前,曾在乾隆時代修復,而現今所見為 1990 年代的建設。(攝於 2005 年)

面對政治邊緣化

中國的宗族政治大致可分兩個組成部分，即決策和監督。前者自上而下，後者自下而上。宗族的決策人物當然首推族長。他是族內輩份最高、同輩中年齡最大的成員。龍躍頭鄧氏目前由 22 至 26 傳的子孫組成，族長必定是 22 傳的，而副族長則可和他同輩或者略低一輩，即 22 傳或 23 傳。族規是族長們維持宗族團結和同產共居生活方式的主要依據。可是，凡有重大的決策，特別是涉及宗族前途或集體利益的決策時，都必須提交成員大會表決，接受自下而上的監督和評議。

宗族的男人們都是父子叔伯兄弟。雖然彼此間血濃於水不乏親情，但衝突總是難免的，一旦扯上"強房"與"弱房"的恩怨，就更沒完沒了了。"房"乃宗族和家庭的分支。一個人在族內的地位常由其輩份、年齡、所屬的房來決定。"強房"祖產多，人丁也往往興旺[68]；"弱房"祖產少，人口也往往凋零。究其原因，無非是有錢人得以早婚，生育率上揚，含飴弄孫之福也來得快。人類學家通常把兩代人的間隔定為 25 年，一個世紀相當於 4 代人。但如果某一房的男丁都在 20 歲而不是 25 歲時娶親生子，那麼一個世紀下來，該房就可繁衍 5 代人而不是 4 代，整整多出一代子孫。雖然這個例子純粹是虛設，但貧富對生育力的影響是毋庸置疑的。"強房"財大氣粗又人多勢眾，必要時會情不自禁地想左右宗族的決策和表決[69]，有鑒於此，"弱房"不免需要合縱連橫，以求自保，由此派生出種種內部的爭鬥來。

在處理對外關係時，龍躍頭鄧氏歷來啟用本族的秀才、舉人。讀書人深得孔孟之道的三味，通曉律法，與官府有共同語言，容易達成共識。不料港英在接管新界以後，逐步推行西方的民主和法治，令新界的宗族一時不知所措，於是有"族大還是法大"的爭論。其答案當然是不言而喻的，在法治社會裡，任何族規不得與公民的權力和義務相抵觸，也不具任何強制執行的權威。事後，新界宗族不得不接受這一現實，但對西方的法治思想和內容依然不甚瞭然。一直到 1947 年實行了"鄉 / 村代表制"才有所改善。這些民選代表的使命就是溝通官方和民間的瞭解，促進雙方交流和對話，並提供有關法治和法制的諮詢。

龍躍頭推選出一批精明強幹的"鄉代表"，其中 3 人是在 1970 年代中期上任的，一幹就是 20 餘年。初出茅廬時，他們的年齡介乎 20 和 40 歲之間，但已經有在國外奮鬥或生活的經歷，見識多，閱歷廣，深謀遠慮。因為他們都懷著振興龍躍頭和宗族的強烈願望，所以不約而同地走到一起來，成為志同道合的夥伴。這"三架馬車"的雄心壯志很快感染了族內外許多人，聲望如日中天。1979 年，他們不負眾望，將其中一名成員選入粉嶺鄉事會任副主席，從而拉開了改造宗族政治的序幕。

1982 年新界的區議會面臨改選。以往，各區區議會的議員都是由政府從地方知名人士中選拔委任的。相比之下，新界的地緣政治已因為大批新居民的遷入而發生了深刻的變化。截至 1981 年底，原居民的人口為 25 萬左右，而遷入新界城鎮的新居民總人數卻高達原居民的五倍還不止。有鑒於此，政府決定改變清一色委任制的慣例，讓大部分區議員從選舉中產生，並相信此舉可幫助非原居民的競選人勝出，抑止原居民的議員席次，使區議會的組成在政治上更有代表性[70]。龍躍頭鄧氏對此不以為然，揚言原住民是新界的主人。他們毫不猶豫地接受了挑戰，並提名"三架馬車"中的一名成員為北區皇后山選區的候選人。

鄧氏族人不免對西方議會的民主選舉感到神秘感，結果卻發現，競選也好，拉票也好，宣傳鼓動也好，都不陌生，可謂"似曾相識雁歸來"。原來他們早就在強房和弱房的較量中，在宗族大會的辯論中，接受了這方面的洗禮，所以能在競選的過程中駕輕就熟。在"三架馬車"的運籌帷幄下，龍躍頭鄧氏傾巢而出為自己的候選人搖旗吶喊，四出拉票；他們的效能令政黨候選人的啦啦隊都黯然失色。無怪乎，龍躍頭的候選人最終以絕對優勢壓倒其他對手，贏得了區議會的議席，隨後以"當然委員"的身份添列新界鄉議局。不久，"三架馬車"的其他成員也平步青雲進入粉嶺鄉事會和北區區議會任職。三人中的一位還榮任新界鄉議局執行委員，並兩度連任北區區議會主席。

龍躍頭的競選策略可歸納為"老瓶裝新酒"。老瓶者，宗族組織也；新酒者，現代政治理念耳。龍躍頭在粉嶺地區的選舉中屢屢奏捷並非偶然，它表明，老瓶和新酒並非不可匹配。新界的宗族不僅對民選政治駕輕就熟，而且也可能是當地組織最嚴密的政治團體。但鄧氏又認為，在必要時新界的宗族應該破門而出，旗幟鮮明地捍衛自己的生活方式，文化傳統，和自然資源。他們自己也身體力行。1990 年代初期，好幾個民主黨派計劃在粉嶺—上水地區組建支部。令人匪夷所思的是，他們都對原居民和鄉土文化充滿偏見。龍躍頭鄧氏毅然同民建聯聯繫建立支部[71]，然後對上述偏見口誅筆伐，大造輿論。

新建的民建聯支部向一切認同它的政治綱領的人敞開大門，成員中既有原居民，也有新居民，在兼容並蓄的過程中做到跨行業，跨宗族，跨祖籍[72]。不過，它的絕大部分成員是來自本地區宗族的年輕人和骨幹。1995 年，在龍躍頭"三架馬車"的率領下，該支部參加北區區議會的競選，一舉奪得 11 個出缺中的 5 席。隨後，他們又再接再厲為剛當上區議員的一位成員策劃立法局的選舉。幾個月後，這位後起之秀和"龍躍頭的外孫"再次一鳴驚人，擊敗了他的民主黨和自由黨對手，成為香港立法局議員。他也是社會和媒體公認的新界宗族在立法局的代言人。

綜上所述，龍躍頭鄧氏已在粉嶺乃至新界的政治舞台上東山再起。他們的崛起可分兩個階段，先是借助宗族組織上的優勢和鄉代表的深謀遠慮，從民選政治中脫穎而出；然後通過黨派和議會政治"破門而出"，以維護新界原居民的利益，生活方式，鄉土文

化為己任。人們在感歎他們努力之餘，也意識到，這是一個有使命感，不甘被邊緣化的
宗族。

吾敬吾宗

　　宗教為人們編織出一個理想的精神世界。在龍躍頭，這個精神世界始於祖先崇拜，
所以既抽象，又具體。説它具體，是因為鄧松嶺祠將祖先崇拜制度化，禮儀化，形象化
了。祖嘗，胙肉和飲福從這裡分發給後裔；春秋兩季子孫來這裡祭祖，頂禮膜拜，長幼
有序。就這樣，松嶺祠將今人和古人，後代與祖先連在一起，前後七、八百年。不但宗
族的現在和過去都在松嶺祠匯集，融成一體，而且它的將來也從這裡開始。按龍躍頭族
規，新生嬰兒需向萃雲堂報丁，然後經"點燈"[73]儀式正式被接受為宗族成員。説祖先
崇拜"抽象"，是指它又是一種宗教信仰，族人對先人敬若神明，奉作神明。這裡家家
戶戶都有神龕，祖先的神主總是佔據最醒目的那一層。同時和祖先一起接受供奉的，通
常還有天后、觀音、關帝、福祿壽三君、土地公公等。

　　鄧氏的宗教世界又是多元的，在他們的祖先崇拜意識裡，既融合了道家，佛家和儒
家的思想，亦不排斥占卦、算命、風水、驅邪、天后等民間信仰。事實上，天后是龍躍
頭社區的保護神，她的廟宇和宗祠幾乎比肩而立[74]。這裡平時就一直香火繚繞，每逢農
曆三月二十三天后生日的那一天，前來敬香的、祈求的、還願的婦女更絡繹不絕。龍躍
頭人常稱天后為"阿媽"，相傳她在成仙前育有十二個子女，故而也是多子多孫的象徵。
鄧氏在廟內的一副對聯中，直截了當地把天后比作普渡眾生的"觀世音菩薩"[75]，希望
她既保佑外海上親人的平安，也大慈大悲為婦女送子。天后能"送子"一説，當然有些
牽強。不過，龍躍頭如此重視生兒育女，也是出於祖先崇拜的需要。祖先崇拜離不開繁
衍後代和生育崇拜，否則它就難以為繼。

　　十年一度的"太平清醮"將龍躍頭宗教世界多元性表現得淋漓盡致。這種大規模的
醮事是專為社區舉行的，一般歷時三至七天，目的是祭天酬地，保境安民，有的學者因
此把它比作"感恩節"[76]。大醮的祭祀場地主要包括祭壇、神棚和戲台等。場地安排以
因地制宜為原則，可集中也可分散。祭壇又稱"三清殿"，裡面供著道家的三清畫像，
即元始天尊、靈寶天尊、道德天尊。另外還有青龍圖、白虎圖、張天師、註生娘娘、閻
羅王、玄天上帝等畫像。神棚裡面安置著天后的塑像以及一塊紅地金字神主牌，上書兩
排神位。第一排以觀音為中心，兩旁是道家諸神；第二排以釋迦牟尼和"南陽堂上鄧氏
歷代宗先"為中心，兩旁主要是本鄉土地神群[77]。神棚外還有奉祀城隍和大士的小棚。
龍躍頭鄧氏將大醮的三清殿設在宗祠的萃雲堂內，神棚設在前庭。

　　醮事的功德主要圍繞著下列主題展開：淨場（"取水"和"揚幡"），請神（"迎神"

太平清醮期間，喃嘸正誦讀榜上所有人名，之後會用雄雞冠血潔淨這些人名，然後與放在神壇前的紙馬（稱為功曹馬）一同火化，送達天庭，祈求神靈庇佑。（1993 年，陳國成攝）

在太平清醮期間於松嶺鄧公祠內舉行的盆菜宴會。

天后古廟，天后為當地宗族的社神之一。（攝於 1976 年）

和 "上三表"），早、中、晚功課（"神懺"），宣佈醮信[78]（"啟榜"），超渡孤魂（"小幽"和"大幽"），奏請玉皇下巡（"迎聖"、"頒赦"、"放生"），以及結尾（"送神"、"回位"、"扒船"）等。醮事的日程還包括上演一系列與祭祀主題相稱的戲劇，例如《賀歲送子》、《金釵引鳳凰》、《香羅塚》和《一代天驕》等。戲台就設在宗祠右側臨時搭建的醮棚裡，凡是族人以及觀禮的來賓都可以在那裡免費享受一餐齋飯。

根據上述觀察，鄧氏的宗教思想有兩個明顯特點。首先，他們對中國傳統的"三教"採取"拿來主義"，為我所用[79]。太平清醮帶有濃厚的道家色彩，醮事全由道士團來完成。然而，當龍躍頭建醮時，神棚裡的主要神明卻無一來自道教。天后是民間信仰的產物，觀音和釋迦牟尼是佛教的菩薩，"鄧氏歷代祖先"只是龍躍頭自己的神明。如此貶低道教原因何在呢？其實很簡單。祖先和天后都是"內神"，其重要性鄧氏子孫心領神會，非任何"外神"可比。觀音也是個外神，但是鄧氏本是客家人，還保留著對觀音根深蒂固的崇拜。相比之下，道教和鄧氏的關係最疏，但這不會阻止他們繼續從包括道教在內的三教中"各取所需，為我所用"。

其次，鄧氏的宗教思想有明顯的宗族主義傾向[80]。建醮本來是為了祀奉外神，超渡孤魂，而鄧氏卻將自己的"歷代宗先"置於神位牌的中心，喧賓奪主。醮場的對聯也好像在推波助瀾："西竺誦槃經六祖降臨壇上座，龍山演粵劇天姬送子意中人"，說的是祖先降臨醮場，天后保佑全族子孫滿堂。在這裡，內神儼然成了主角，和外神易位。田仲一成尖銳地指出[81]，作為一種宗教思想，這種內外神不分的做法，又顯示狂熱的觀音崇拜，所以並不正統。龍躍頭鄧氏聽了，卻一笑置之。在他們看來，時至今日，祀奉外神超渡孤魂已不足以為宗族保駕，更遑論"保境安民"。這是因為"心魔"比孤魂更可怕；它散佈陰暗心理，而且不分內外，既使社會對宗族產生偏見，也使族人悲觀，離心離德。建醮當以驅除這種心魔為己任，同時祭起內神和外神的法寶，借祖先崇拜展現宗族的風貌，促進社會的理解，加強族人的認同。

綜上所述，雖然龍躍頭鄧氏對傳統的佛教、道教和儒教兼收並蓄，他們的宗教思想歸根結底立足於祖先崇拜。由此產生了內神和外神之分。龍躍頭在建醮中不忘對祖宗歌功頌德，從而混淆了這個界限而受到非議。鄧氏卻認為，不這樣不足以應付宗族所面臨的危機。這場辯論尚無結論，但是鄧氏對祖宗崇拜的執著，以及鄧氏利用宗教來化解宗族危機的努力都給人以深刻的印象。

老圍坐落於松嶺鄧公祠附近，為鄧族最早建立的圍村。它位於一個細小的山丘上，四面均有圍牆，在昔日起著保護村民的作用。（攝於 2005 年）

蔴笏圍於乾隆年間建立，該圍原叫「鬱蔥圍」（參看門上石刻），寓意該處為翠綠茂盛之地。圍門裝有連環鐵門，作為抵禦盜賊之用。（攝於 2005 年）

結語

　　龍躍頭鄧氏穿過歷史的迷霧，從遙遠的過去來到了我們的跟前。本文追述了他們700餘年來的長途跋涉，也介紹了他們近30餘年來的心路歷程。很明顯，鄧氏的前人和後人都有弄潮兒的習性。在他們留下的足跡上空似乎迴蕩著一個聲音："在變化中求生存"。憑著這個精神，鄧氏的祖先才有歷史上的三起，他們的今人才會在粉嶺重新崛起。龍躍頭鄧氏無疑是一個古老的宗族，但又不乏跟上時代步伐的決心和求變的慾望，這使得他們經常保持一顆年輕的心。

　　慢行在龍躍頭的五圍六村，你可以感覺到變化帶來的新氣象。這裡已不再是以生產為主的農村，而是以消費為主的居民區。昔日陳舊，簡陋的房屋已為成排現代化的小樓所取代。這些小樓仿造歐美式樣，設備齊全，造價不菲[82]，其中絕大多數是所謂的"丁屋"[83]。龍躍頭的外表可謂今非昔比，人的素質也同樣在變。1950年代初期，一個通過香港會考的學子就可享受和族長同桌進餐的榮耀。如今，龍躍頭的大學生比比皆是，還有研究生、博士生，以及從海外歸來的學士和碩士，顯得人才濟濟。宗族也更富足了，1993年建醮花了龍躍頭200多萬港幣，2003年建醮的支出更大大超過此數。以上的剪影雖然簡略，卻勾勒出一個古老宗族的新面貌。

　　新界的鄧氏在敢於變化的同時，又力求萬變不離其宗。本著這個宗旨，龍躍頭致力於改造傳統，而不是揚棄傳統。必要時，他們也會在恪守傳統的基礎上，用舊習俗和老觀念來一番"創新"。美國學者薩爾多·貝斯特（Theodore C. Bestor）稱這種努力為"傳統主義"[84]，並發現在東京的街區建設中，日本人尤其善於通過這種努力，利用舊習俗，老觀念來開創新傳統。其實，Traditionalism一詞含義廣泛，既可指"以舊創新"，也可指"推陳出新"。前者著重利用舊傳統，後者著重改造現有傳統。二者結合，就比較完整地道出了龍躍頭在"力求萬變不離其宗"時所用的策略。

　　龍躍頭鄧氏正在從事一項令人注目的實驗。現代化帶來了極其深刻的社會和思想變化。宗族能否在這樣的社會中成為有用的成員呢？許多學者都對此不樂觀，因為在現代化社會中，宗族似乎已失去了它過去的絕大部分功能，又同社會的生產方式以及價值取向不一致[85]。龍躍頭的成就固然令人印象深刻，它的實驗還有一段很長的路要走。結果如何？人們將拭目以待。

釋

〔1〕 根據 1819 年重修的《新安縣志》卷一記載，該縣在歷史上數易其名，如博羅（漢朝），寶安（東晉），南海（隋朝），東莞（唐朝）等；明萬曆元年，即 1573 年才改名為新安縣。

〔2〕 Hugh Baker, "The Five Great Clans in the New Territories", *Journal of the Hong Kong Branch of the Royal Asiatic Society*, 1964, pp. 4-9.

〔3〕 David Faure, *The Structure of Chinese Rural Society: Lineage and Village in the Eastern New Territories, Hong Kong*, Hong Kong: Oxford University Press, 1986.

〔4〕 Woon Yuen-fong , *Social Organization in South China 1911-1949*, Ann Arbor: Center for Chinese Studies, the University of Michigan, 1984.

〔5〕 Patricia Ebrey and James Watson (eds.), *Kinship Organization in Late Imperial China 1000-1940*, Berkeley: University of California Press, 1984, p. 6.

〔6〕 "五派" 指五大房，"兩邑" 指東莞和寶安。

〔7〕 見欽定《古今圖書集成·職方典》，北京：內務府，頁 1725。

〔8〕 見《錦田鄧氏師儉堂家譜》，頁 87："郡倅稱半刺史之職，今制稱知府"。

〔9〕 Sung Hok-pang , "Legends and Stories of the New Territories", *Journal of the Hong Kong Branch of the Royal Asiatic Society*, Vol. 13, 1974, pp. 111-129.

〔10〕 David Faure, *The Structure of Chinese Rural Society: Lineage and Village in the Eastern New Territories, Hong Kong*, p.241.

〔11〕 John Kamm, "The Rural History Project in Yuen Long District, New Territories of Hong Kong 1973", *Journal of the Hong Kong Branch of the Royal Asiatic Society*, Vol. 17, 1977, pp. 199-216.

〔12〕 明成化七年（1471）孝廉，曾任廣西梧州藤縣知縣，並請方孝儒為鄧氏家譜作序。

〔13〕 見《錦田鄧氏師儉堂家譜》，頁 90-92。

〔14〕 同上，墓誌銘的原文，頁 93-94。

〔15〕 同註 13，曉諭的原文，頁 96-97。

〔16〕 見《錦田鄧氏師儉堂家譜》，頁 88。

〔17〕 見《龍躍頭鄧氏譜系·龍岡鄧公墓誌銘》。

〔18〕 鄧松嶺的元配夫人徐氏在元至正三年（1343）歿於東莞。是年，鄧松嶺 43 歲。

〔19〕 見何崇祖所著《廬江郡何氏家記》，1604 年。

〔20〕 實安是迪功郎僉判鄧林的曾孫，漕舉架閣進士鄧炎龍的重孫，六四判簿鄧肖嚴的孫子。

〔21〕 David Faure, "The Tangs of Kam Tin–A Hypothesis of the Rise of a Gentry Family", in David Faure, James Hayes, and Alan Birch (eds.), *From Village to City: Studies in the Traditional Roots of Hong Kong Society*, Hong Kong: Centre of Asian Studies, University of Hong Kong, 1984, pp. 24-42.

〔22〕 見田仲一成著，錢杭、任余白譯，《中國的宗族與戲劇》，上海：古籍出版社，1992 年，頁 211-213。

〔23〕 參見《南陽堂鄧氏族譜·祠堂序·龍躍頭》，頁 19-20。

〔24〕 參見《南陽堂鄧氏族譜·祠堂序》，頁 21。

〔25〕 18 世紀上半葉，新界的其他宗族才開始大興土木蓋宗祠。

〔26〕 David Faure 認為，明朝的統治者可能對士大夫出身的龍躍頭鄧氏在土地上給予優惠照顧。但他並無實據。見 *The Structure of Chinese Rural Society: Lineage and Village in the Eastern New Territories, Hong Kong*, p.27。

〔27〕 海禁遲至康熙二十二年（1683）才告撤銷。

〔28〕 參見《龍躍頭溫氏族譜》。

〔29〕 參見《鄧氏元亮公宗仁房家譜》。

〔30〕 貢生在清朝又稱 "明經進士"。

〔31〕 Robert Groves, "The Origins of Two Market Towns in the New Territories", in *Journal of the Hong Kong Branch of the Royal Asiatic Society*, 1964, pp. 16-20.

〔32〕 1911 年的調查顯示，龍躍頭的人口為 632 人。

〔33〕 Alice Ngai-hai Lun Ng, "Village Education in the New Territories Region under the Ching", in David Faure, James Hayes, and Alan Birch (eds.), *From Village to City, Studies In the Traditional Roots of Hong Kong Society*, pp. 106-118.

〔34〕 Chang Chung-li, *The Chinese Gentry: Studies on Their Role in Nineteenth-Century Chinese Society*, Seattle: University of Washington Press, 1955, p.62.

〔35〕 *Report on the New Territories at Hong Kong*, 1899, p. 27.

〔36〕 參見劉偉業著《香港主權交涉史》上冊，香港：廣角鏡出版社，1983 年，頁 44。

〔37〕 Rubie Watson, *Inequality Among Brothers: Class and Kinship in South China*, Cambridge: Cambridge University Press, 1985, p. 59.

〔38〕 Jack M. Potter, *Capitalism and the Chinese Peasant: Social and Economic Change in a Hong Kong Village*, Berkeley: University of California Press, 1968, p.100.

〔39〕 "Perpetual Lease" & "Taxlord" Extension 280, *Colonial Secretary Office Files*, January 12, 1904; Nicole Constable, *Christian Souls and Chinese Spirits*, Berkeley: University of California Press, 1994, p. 44.

〔40〕 Annual Departmental Report by the District Commissioner, Hong Kong, 1960.

〔41〕 Patrick Hase , "Notes on Rice Farming in Shatin", *The Journal of the Hong Kong Branch of the Royal Asiatic Society*, 1981, pp. 196-206.

〔42〕 1 斗種相當於 7,800 平方呎。

〔43〕 在 1961-1966 年間，新界的農業人口減少了 40%。見 C.T. Wong, "Uses of Agricultural Land: Some Changes in New Territories Farming Patterns", *The Journal of the Hong Kong Branch of the Royal Asiatic Society*, 1971, p.21。

〔44〕 Catherine Bell, *Ritual Theory, Ritual Practice*, New York: Oxford University Press, 1992, pp.122-123.

〔45〕 參見 Victor S.F. Sit, "The New Territories and Hong Kong's Industrialization", in Alan Birch (ed.), *The New Territories and Its Future*, Hong Kong: Hong Kong Branch of the Royal Asiatic Society, 1982, pp.71-85.

〔46〕 Nicole Constable, *Christian Souls and Chinese Spirits*, p.46.

〔47〕 參見 Jeremy Boissevain (ed.), *Ritualizing European Rituals*, London: Routledge, 1992; 以及 Jan van Bremen and D.P. Martinez (eds.), *Ceremony and Ritual in Japan*, London: Routledge, 1995.

〔48〕 從中世紀到 20 世紀，有關彌撒的教義以及聖餐和禮拜的儀式一變再變，但是並沒有引起基督教基本內容發生改變，產生斷層。詳見 Bard Thompson, *Liturgies of the Western Church*, Philadelphia: Fortress Press, 1961, p.48; A. Bugnini and C. Braga, *The Commentary on the Constitution and on the Instruction of the Sacred Liturgy*, New York: Benziger Brothers, 1965.

〔49〕 見 Catherine Bell, *Ritual Theory, Ritual Practice*, New York: Oxford University Press, 1992, pp. 118-119.

〔50〕 例如 Jack Goody，參看他撰寫的 "Against Ritual: Loosely Structured Thoughts on a Loosely Defined Topic", in Sally Moore and Barbara Hyerhoff (eds.), *Secular Ritual*, Amsterdam: Van Gorcum, 1977, pp. 25-35.

〔51〕 見 Robert Smith, "Wedding and Funeral Ritual: Analysing a Moving Target", in Bremen and Martinez (eds.), *Ceremony and Ritual in Japan*, London: Routledge, 1995, pp. 25-37.

〔52〕 傳統在他們看來是一個似是而非的矛盾。見 J.C. Heesterman, *Inner Conflict of Tradition*, University of Chicago Press, 1987; 以及 Stanley Tambiah, "A Performative Approach to Ritual", in Proceedings of the British Academy, 1979, pp.113-69.

〔53〕 Arnold Toynbee, *A Study of History*, New York: Oxford University Press, 共有 12 冊，從 1934 年第一冊問世到 1961 年全書出齊，歷時 28 年。

〔54〕 此人名叫 Herod Agrippa（B.C.10-A.D.44），是 Judea 國的國王。

〔55〕 參見 F.B. Gibney, "Meiji: A Cultural Revolution", in Nagai M. and M. Urrutia (eds.), *Meiji Ishin: Restoration and Revolution*, Tokyo: United Nations University, 1985.

〔56〕 Eric Hobsbawm, "Mass-Producing Traditions: Europe,1870-1914", in Eric Hobsbawm and Terence Ranger (eds.), *The Invention of Tradition*, New York: Cambridge University Press, 1983, p. 266.

〔57〕 作者的原文是 "with some well-judged invention of tradition"，其實他將 "傳統的改造" 一律歸入 "傳統的創造" 之中，故在這裡區別之。

〔58〕 Henry Sumner Main, *Ancient Law*, London: Murray, 1861.

〔59〕 Hsiao-tung Fei and Chih-i Chang, *Earthbound China: a Study of Rural Economy in Yunnan*, University of Chicago Press, 1945, p.125.

〔60〕 "非轉讓性" 一詞的英文是 inalienability，意為不得將（土地的）所有權轉讓他人。詳見 H. Franz Schumann, "Traditional Property Concept in China" , *Far Eastern Quarterly*, Vol. 15, No. 4, 1956, pp. 507-516.

〔61〕 陳奕麟（Allen Chun）把土地 "非轉讓性" 歸結於它的 "神聖所有制"（divine ownership），即歸死去的祖先和所有的後代共有。見 Allen Chun, "The Lineage Village Complex in Southeastern China", in *Current Anthropology*, Vol.37, No. 3, 1996, pp. 429-440.

〔62〕 Cornelius Osgood 等學者都持這種看法。在公有經濟尚不雄厚的情況下，賣地是小宗族集資的一種主要手段，參看 *Village Life in Old China*, New York: The Ronald Press, 1963.

〔63〕 參見 1910 年生效的《新界條例》（*New Territories Ordinance*）。

〔64〕 即 Crown Lease。顧名思義，是租約並非地契。

〔65〕 粉嶺／上水新市鎮建於 1970 年代後期，佔地約 780 公頃，共有 26 萬多居民。

〔66〕 當年追加的投資總額約為 12 萬港元。

〔67〕 1995 年這一片樓房帶給龍躍頭的年收入就相當於早年投資的數倍。

〔68〕 Maurice Freedman, *Lineage Organization in Southeastern China*, New York: Humanities Press, 1958, pp. 33-40.

〔69〕 Rubie Watson, *Inequality Among Brothers: Class and Kinship in South China*, Cambridge: Cambridge University Press, 1985, pp. 44-48.

〔70〕 Lau Siu-kai and Kuan Hsin-chi, *The District Board Elections in Hong Kong*, Hong Kong : Centre for Hong Kong Studies, Chinese University of Hong Kong, 1983.

〔71〕 全名為"香港民主建港聯盟"，是香港唯一公開支持原居民權力的政黨。

〔72〕 粉嶺地區的新居民也同樣可以參加。

〔73〕 元宵節期間，鄧氏在萃雲堂點上大紅燈籠，慶賀宗族喜得新成員。凡去年新生的嬰兒，必須由其家庭為他置備一個小燈籠，和大紅燈籠在廳上一起陳列。此謂"點燈"，它如向向祖宗"報到"，向宗族"報戶口"。即使在海外出生的後裔，也得回龍躍頭"點燈"，才能載入族譜，正式成為宗族的一員。

〔74〕 只是規模小得多。天后廟內有兩口古鐘，分別鑄於 1695 年和 1700 年。該廟可能建於這段時間。

〔75〕 對聯曰："水德配天海國慈航同普渡，母儀尊后鄉民殂豆見重光"。

〔76〕 David Faure, *The Structure of Chinese Rural Society: Lineage and Village in the Eastern New Territories, Hong Kong*, p.80.

〔77〕 參看田仲一成著，錢杭、任余白譯，《中國的宗族與戲劇》，上海：古籍出版社，1992 年，頁 219。

〔78〕 即發起醮事的善男信女。

〔79〕 即道教，佛教，儒教。

〔80〕 參看田仲一成，《中國的宗族與戲劇》，頁 242。

〔81〕 同上，頁 218。

〔82〕 每棟造價約 80 萬港元以上。

〔83〕 新界每個年滿 18 歲的男丁都可以申請為自己建造一所住房，人稱"丁屋"。按規定，丁屋的周邊佔地不得超過 700 平方英尺，樓高以 27 英尺（三層）為限。

〔84〕 傳統主義的英文是 traditionalism，參看 Theodore C. Bestor, *Neighborhood Tokyo*, Stanford: Stanford University Press, 1989, p.160, 262。

〔85〕 Meyer Fortes, "The Structure of Unilineal Descent Groups", *American Anthropologist*, 55, 1953, p.24; Jack Potter, *Capitalism and the Chinese Peasant*, pp.164-173; Rubie Watson, *Inequality among Brothers*, 1985, p.167.

第
三
章

陳蒨

原居民身份：
殖民時代下政治化的傳統

引言

　　近年有關族群身份認同的研究眾多，均指出身份認同與客觀準則無關，相反，這是一種主觀的感受。Frank Dikotter 進一步指出身份認同乃是一個過程[1]；Emily Honig 則指出身份認同是一個不同社群在不斷改變的生活關係中，對某些觀念不斷創造、運用及協商的過程[2]。本文視族群認同為某種特定社會關係下的主觀建構，探討原居民身份認同的個案，研究居住在香港新界村落的原居民的身份認同。有關分析的資料主要取材自筆者 1991 至 1993 年在新界粉嶺彭氏宗族的田野工作，其後筆者亦在 1996、1997 年間多次再訪粉嶺村作調查。

　　有關新界圍村的研究眾多[3]，其中 Nicole Constable 和 Elizabeth Johnnson 均對村民身份認同有所論述，但對原居民一詞則未有探索。新界原居民的個案實屬特殊，新界是英國殖民租地，租約為期 99 年，訂於 1997 年回歸中國。本文擬論述原居民的身份認同如何在殖民時代孕育及建構，探討新界居民如何面對新界租約、殖民統治、鄉村城市化、工業化及香港現代化等的變化，分析殖民主義及商業化如何衝擊新界傳統風俗，對原居民身份作出重新的詮釋。筆者以為原居民一詞乃是村民與殖民政府在土地開發，經濟發展中避免剝削的習慣用語，本文亦指出"原居民"一詞的意義亦不斷有所改變，從初期強調其"土著"、"少數民族"的身份轉化成後期強調的"中國人身份"。

粉嶺彭氏大宗祠，屬兩進式建築，坐落於北邊村，攝於1976年。（香港特別行政區政府提供）

殖民主義與原居民身份的誕生

1842 年，中英兩國簽訂《南京條約》把香港割讓給英國，1898 年 7 月 1 日，按北京條約，新界租與英國，為期 99 年，當時新界有不少居住在村落的村民，他們視自己為本地人或客家人[4]。一般相信本地人在宋朝時已經移居至新安縣，並操廣東方言。在新界的本地人大多是在清朝以前已移居新界[5]。至於客家人，多數在宋、元交接時移居至廣東元朗東[6]。如新界大族：鄧氏、彭氏及文氏均為本地人，廖氏則是客家人[7]。

原居民一詞是在 1972 年才被香港行政局在討論"丁屋"政策時正式確認[8]。原居民被界定為"在 1898 年 7 月 1 日以前居住在新界村落的父系子孫。"1898 年時，新界有 423 條村落。至 1977 年，鄉議局[9]估計原居民（包括旅居海外者）人數約 25 萬，1994 年，鄉議局估計原居民人口約有 70 萬[10]。

"原居民"一詞並非客觀類別，"原居民"乃是 1898 年 7 月 1 日前居住在新界村落的父系子孫。此日期是新界租約開始的日期。比起英國殖民者，新界村民因此成為"土著"或"先定居者"。由此可知，原居民的身份認同是政治產物。此外，原居民只包括村民的父系子孫，也就是說殖民政府在詮釋村民身份時再次強化傳統的父系意識。

政治化傳統

面對都市化及現代化的過程中，新界的原居民與世界其他地方的土著及少數民族不太一樣，雖然他們也感受到殖民政府在土地上不斷的剝削[11]，同時他們並不顯得特別吃虧，他們的利益也能夠巧妙地融入殖民社會。以下章節將會討論原居民如何利用其特殊的身份訂定其傳統權益，與殖民政府爭取土地發展所帶來的利益。

如果仔細檢閱鄉議局的文件，不難發現它常常把新界原居民的身份比作其他英國殖民地的原居民或土著，藉以爭取其權益。據《南華早報》（1994 年 5 月 20 日）上鄉議局刊登的聲明所述：

> 世界上任何國家與其屬土原居民的合法傳統習俗，均有法體保護，例如美國和加拿大的印第安人、美馬、紐西蘭和夏威夷的土著等，不勝枚舉……

事實上，討論原居民的身份，往往就談到他們的傳統權益。鄉議局就多次在不同的文件中重新引述當時港督卜享利在 1900 年 2 月 19 日發表的文告，聲明中承諾："你們的商業和地產利益必獲得保障，而你們的習俗和良好習慣亦絕不會受到任何干涉。"[12]事實上，尊重原居民的傳統乃是中英兩國在簽訂新界租約時取得的共識[13]。

粉嶺圍一間古老村屋。

1960、1970 年代建成的村屋。

傳統權益多次被鄉議局詮釋為在祖先家鄉居住的權利、維持傳統葬禮喪儀、家族墓地、尊重祖祠、廟宇等……在爭取保留傳統權益的爭議中，最成功的一次要是"丁屋政策"，"丁屋"本身具備父系意識，鄉議局認定按照傳統，所有男丁均有權在村子裡建造村屋居住，至 1972 年，成功地向殖民政府爭取到建屋的權利。此後，每個男丁一生中可向政府申請一塊 700 平方呎的土地來蓋房子自住。表面上，殖民政府尊重村民權益，實際上，限制男性為丁屋政策受益人，在某種程度上是防止進一步損失。而今日丁屋的大、小；高、矮（700 平方呎大、高度 25 呎）的規劃也是基於傳統的準則協商而得的結果。據"傳統"，村屋大小一般不會超過 700 平方呎，亦不高於 25 呎。有趣的是，目前新建的丁屋，一概不按中國式的建築傳統，而是有咖啡色瓦頂及露台的所謂西班牙式別墅型。

值得注意的是，村民有時亦故意違背"傳統"，例如在粉嶺樓附近的一片所謂"風水林"，就沒有被村民保留下來，相反此片樹林被剷掉，建 30 間村屋[14]，也就是說傳統的信念有時也不及實際的經濟利益來得重要。除此之外，有時村民也利用他們的傳統建屋權益來謀取直接的經濟利益。不少原居民把村屋出租，甚至出售[15]。陳奕麟（Allen Chun）就指出，在丁屋政策的頭 5 至 10 年，就有不少村民把自己的丁屋轉售給外人，從而謀取暴利[16]。

至 1980 年代，"傳統"一詞進一步被村民、中國及英國政府詮釋及利用。中英聯合聲明亦繼續應允保障原居民的土地權益。同樣地，基本法第四十條也作類似的承諾，說明香港特別行政區政府會繼續尊重原居民的合法傳統權益，這樣一來，中英政府也就對原居民的傳統及身份在國際社會上作出認可。

傳統的捍衛者，澎湃的中國心

1980 年代末期以後，原居民一詞已經從"少數民族的著重點轉化成為中國人"。這個新的意義乃衍生自不斷改變的社會環境及政治氣氛。在這段時期，鄉議局也對新界的歷史作出新的註釋，值得一提的是 1993 至 1994 年間鄉議局在回應修訂《新界條例》時對歷史的詮釋，按《新界條例》（1984：97 章），有關新界土地的處理，必須按照中國傳統習俗行事。中國傳統泛指父系繼承法，也就是說只有兒子才享有繼承權，女兒外嫁，不能繼承父親的產業，1994 年立法局議員陸恭蕙動議修訂新界條例，讓女性亦獲得同樣的繼承權[17]。

以男性為絕大多數會員的鄉議局強烈反對此項動議。一方面，他們以捍衛傳統之名維護自己的利益。另一方面，他們認為女兒一旦擁有父系宗族的田地，最終其宗族會被外姓人侵佔，變成雜姓村落，因此此項動議被視為導致宗族滅絕瓦解的劊子手。鄉議局

女權份子與婦女組織在立法局門外聲援新界女性要求修改"新界條例"。

在鄉議局號令下，新界男性村民反對修訂"新界條例"。

以傳統的捍衛者的身份發動"保鄉衛族"運動，舉行一連串的示威集會。鄉議局在《南華早報》（1994 年 5 月 20 日）上刊登的聲明聲稱"1898 年英國強行租借新界之前，新界土地所有權屬新界原居民私人所擁有，之後，英國人宣佈所有新界土地變成皇家地，新界原居民業權被剝奪，奮起與英國進行了英勇的血戰，新界條例的訂立是先烈頭顱血肉換取而來的……"與此同時，原居民的歷史亦重新被村民論釋，將 1898 年村人與英國的激烈械鬥一再詳述，並發表名為"難忘的歲月"、"難忘的光輝"、"難忘的慘痛"聲明，詳細盡錄與英政府的抗爭：

> ……1899 年 4 月 15 日梅上尉和伯加上尉率領軍警百餘人，開進大埔，遭早在這裡守衛的粉嶺錦田、林村、八鄉等地的 1,000 多名武裝民眾，奮勇展開猛烈的進攻、英艦"名譽號"趕來增援，英國得以解困……
>
> 1899 年 4 月 17 日……數千名武裝的新界群眾炮轟大埔軍營，英軍遭受重創。在林村各英軍也遭受集結在這裡的錦田、八鄉、十八鄉的武裝民眾的伏擊。
>
> 1898 年 4 月 18 日屏山、廈村、青山以及潘田等民眾 2,600 多人，與英軍展開殊死的戰鬥，英軍攻陷吉慶圍和壽康圍，村民壯烈犧牲者達 200 餘人。

同時在 1994 年 4 月 17 日，鄉議局刻意號召超過 1,000 多名男丁在抗英烈士的墓前舉行殖民統治的 95 年內首次進行的盛大祭祖活動，一方面對祖先控訴殖民政府如何再一次踐踏其傳統，另一方面也喚醒人們對新界歷史的認識，強調與殖民政府抗爭的過去。事實上，在殖民政府的統治中，鄉議局也常常與港英政府合作，分享土地開發，新界城市化所帶來的利益。

值得注意的是鄉議局刻意鎖定某一段歷史，突出其反英、反殖民的立場，從而突出了其愛國心。在多次的示威活動中，鄉議局都號召村民高唱耳熟能詳的名曲，例如《勇敢的中國人》，並改編為《勇敢的新界人》。同時也改編《我是中國人》為《誓為保家國》。見下文，"沉默不是懦弱，忍耐不是麻木。我們的傳統風俗，遭到無情攻擊，保鄉衛族的抗爭，證實我團結的民族，已到最後的關頭，應該起來戰鬥，任何需要的時候，我們挺身而出，民族傳統，先祖遺囑，我要牢牢保護，我一定抗爭到底，全力衛保家園。無論任何代價，誓為保家園。"[18] 在公開場合選擇高唱兩首改編了的名曲，象徵並凸顯原居民的中國人意識和愛國心[19]。

到了九七回歸前夕，原居民身份認同的中國情結也進一步泛濫。鄉議局更捐出 50 萬在大埔海濱公園建"香港回歸紀念塔"。此塔高 32.4 米[20]。大埔一址有其象徵意義，因為此地是英軍進駐新界時與原居民發生激烈械鬥的地點，塔旁記錄了鄉民所見證的殖民"歷史"，此"歷史"分三階段。一、原居民與英殖民政府的血腥械鬥；二、村民英勇對

大埔海濱公園回歸紀念塔。（攝於 2005 年）

村民共享盆菜。

"食山頭"——祭祀後，村民享用盆菜。

抗日軍侵佔；三、戰後村民如何努力發展香港經濟。此外，八鄉上村公園亦建"香港回歸紀念柱"，柱高 38 呎，並由當時的新華社香港分社社長周南親題"擎天一柱"四字，按鄉議局所說，此柱象徵著一雪殖民時代的恥辱和委屈，比喻著新界的中國人已經站起來了。並在開幕典禮上奏國歌，儀式結束後，設 200 席盆菜[21]，招待嘉賓及鄉民[22]。

同時，在新界的各個鄉村亦紛紛看到慶祝香港回歸的活動，與市區的情況一樣，在各村裡裡外外，都見到五星旗、特區旗大大小小的到處飄揚。比較特別的是不少新界村民在 1997 年 7 月 1 日破曉時份，冒著暴雨夾道歡迎中國人民解放軍進駐香港特別行政區。有趣的是，不少新界村民在 1989 年"六四事件"中，也聚眾抗議。但是在香港回歸的一刻，這一段歷史卻暫時被遺忘，取而代之的是對解放軍熱烈的歡迎[23]。

生活化的傳統

從新界村民的立場來看，"傳統"並沒有鄉議局所強調的那麼政治化。對他們來說，傳統就是生活的一部分，也就是他們的根，正如不少村民所說："我們是原居民，我們在這裡已經幾百年了，粉嶺圍就是我們的鄉下。看，我們的祠堂也幾百年了，我們的村都有好幾百年的歷史。"

隨著城市化、工業化、現代化、所謂的傳統鄉村生活模式，例如種田、種菜都已消失。僅存的一些鄉村習俗卻有了新的意義。其中表表者要數是"盆菜"。"盆菜"乃是鄉村人在窮困生活環境時的產物。據說從前天子的軍隊南下到新界村落，村民沒有山珍海味，因而創出盆菜[24]，村民把蘿蔔、雞、豬肉、魚乾等通通煮成一鍋，然後一層層鋪好，放在一個大木盆上，眾士兵吃了都紛紛叫好。從此，村民每逢有喜慶日子，必然烹以盆菜助興。筆者在做田野研究時，就多次聽到村民說："這是鄉下菜，你有沒有嚐過，特別有傳統風味，你們城市人一定要試試。"對村民來說，"盆菜"今天也就成為他們的特色菜以區分他們與其他香港人的分別。"盆菜"也成為紀念傳統生活一個鄉愁式的象徵符號，這意義有別於華琛（James Watson）在 1970 年代的觀察。1997 年 6 月 30 日，多個新界鄉村亦設盆菜宴慶祝香港回歸中國。今日新界盆菜甚至能在市區及海外的酒樓裡找到，也成為了代表香港傳統的風味菜。

與此同時，打醮活動也成為傳統活動的典範。在今日的新界，打醮的宗教意義也許比不上其社會意義來得重要。事實上，打醮成為鄉人聚首的好機會，很多移居海外及市區的村民，也藉此慶典回鄉探親，舉粉嶺圍為例，2000 年打醮盛會，海外宗親大舉回鄉，聚首之餘亦共慶傳統節日，並且製作光碟一張記錄打醮事宜，這種大費周章，耗資百萬的慶祝活動，與 1960、1970 年代 Jack Potter 在屏山鄧氏觀察到的截然不同。按 Jack Potter 所言，當時村人對傳統習俗並不熱衷。今日的新界，村民多帶一種鄉愁式的情懷

千禧年粉嶺圍慶祝太平清醮的情況。

來慶祝傳統習俗。透過這類圍村特有的習俗，村人強調其特別的歷史傳統及身份認同。同時，隨著香港回歸中國，這類習俗也變成香港傳統，與其他地方的"中國"傳統劃上差異。

結語

香港原居民身份認同的創造及運用突出了殖民社會的特色及政治化傳統的過程。原居民的身份認同是一個不斷變化的過程，這身份認同反映了不同情況下不同形式的權力鬥爭。一方面"傳統"一詞是一件武器，被原居民及殖民政府不斷地詮釋及利用，爭取各方的權益。另一方面，"傳統"一詞亦成為現代化及城市化過程中鄉愁式的表徵，也是區分原居民與其他香港人的代表。在某種意義上，淵遠的新界傳統也成為香港傳統的代表。

原居民身份的意義亦因不斷改變的社會環境，政治氣候有所轉變。其身份衍生自殖民政治，1898 年 7 月 1 日這個界定點本身是一個政治性的建構用於劃分原居民及後來者（殖民者及後來移居入香港的人）。如世界上其他地方的少數民族，新界原居民亦成功融入主流社會。值得一提的是，新界原居民成功地詮釋及運用"傳統"，爭取新界發展中的適當利益。面臨政權的移交，原居民一詞的意義亦隨之改變，1980 年代初期，鄉議局已經不斷上京力求其權益在回歸以後繼續獲得保障。1990 年代面對男女繼承權的爭議，鄉議局擺出親中反殖民的姿態，強調世紀初抗英的一段歷史。此刻，原居民不再強調自己是殖民統治下邊緣的"少數民族"，而是站在主流社會的"中國人"。

註 釋

〔1〕Frank Dikotter, *The Discourse of Race in Modern China*, Stanford: University of Stanford Press, 1992, vii.

〔2〕Emily Honig, *Creating Chinese Ethnicity: Subei People in Shanghai,1850-1980*, New Haven: Yale University Press, 1992, p.11.

〔3〕Nicole Constable, *Christian Souls and Chinese Spirits: A Hakka Community in Hong Kong*, Berkeley: University of California Press, 1994; Nicole Constable, ed., *Guest People: Hakka Identity in China and Abroad*, Seattle: University of Washington Press, 1996; Maurice Freedman, *Lineage Organization in Southeastern China*, London: Athlone Press, 1958; *Chinese Lineage and Society: Fukien and Kwangtung*, London: Athlone Press, 1966; Hugh Baker, "The Five Great Clans of the New Territories", *Journal of the Hong Kong Branch of the Royal Asiatic Society*, 6, pp.25-48; *A Chinese Lineage Village: Sheung Shui*, Stanford: Stanford University Press, 1968; G. E. Johnson, "Migration and Community Expansion in Hong Kong: The Case of Tsuen Wen", *Journal of Oriental Studies*, II (1), 1973, pp.107-114; E. Johnson, "Hakka Villagers in a Hong Kong City", In Nicole Constable, ed., *Guest People: Hakka Identity in China and Abroad*, Seattle: University of Washington Press, 1996; Jack Potter, *Capitalism and the Chinese Peasant: Social and Economic Change in a Hong Kong Village*, Berkeley: University of California Press, 1968; "Land and Lineage in Traditional China." In Maurice Freedman, ed., *Family and Kinship in Chinese Society*, Stanford: Stanford University Press, 1970, pp.121-38; James Watson, *Emigration and the Chinese Lineage*, Berkeley: University of California Press, 1975; Rubie Watson, *Inequality among Brothers: Class and Kinship in South China*, Cambridge: Cambridge University Press, 1985.

〔4〕除本地與客家人，尚有不居住在村落而居住在船上的蜑家與鶴佬。

〔5〕Hugh Baker, *A Chinese Lineage Village: Sheung Shui*, p. 3; Jack Potter, *Capitalism and the Chinese Peasant: Social and Economic Change in a Hong Kong Village*, p.11.

〔6〕Myron Cohen,"The Hakka or guest People", in Nicole Constable (ed.), *Guest People: Hakka Identity in China and Abroad*, University of Washington Press, pp. 36-79.

〔7〕廖氏後期則聲稱自己是"本地"人。詳情見 Hugh Baker, *A Chinese Lineage Village: Sheung Shui*。

〔8〕"丁屋"政策訂定原居民的男丁一滿 18 歲就可以向政府申請一塊地來蓋房子自住，詳情見本書頁 88-89。

〔9〕鄉議局是代表新界村民的最高組織。各鄉村各自選出村代表，村代表進入各鄉的鄉事委員會，各鄉的鄉事委員會主席則進身鄉議局。

〔10〕鄉議局在一份題為新界鄉議局及屬下 27 個鄉事委員會 70 萬新界原居民強烈反對港英政府修訂新界土地（豁免）條例草案（1994 年 5 月 20 日）的聲明中估計原居民數目約有 70 萬。

〔11〕1900 年 7 月港府引進"官地"一詞，把一切未能出示田契的土地都歸入"官地"產業，而非民田，參看 Allen Chun, *Land is to Live: A Study of the Concept of "Tsu" in a Hakka Chinese Village, New Territories, HongKong*, Ph.D. diss., University of Chicago, 1985。同時在收回土地時亦不承認土地潛在利益，站在村民的立場而言，政府就是賤價買入農地，建築高樓大廈，賺取暴利。

〔12〕《新界鄉議局成立六十周年慶典特刊》，1986 年，頁 80。

〔13〕Selina Chan, "Colonial Policy in a Borrowed Place and Time: Invented Tradition in the New Territories of Hong Kong", *European Planning Studies*, 7 (2), 1999, pp.231-242.

〔14〕Allen Chun, *Land is to Live: A Study of the Concept of "Tsu" in a Hakka Chinese Village, New Territories, HongKong*.

〔15〕Selina Chan, "Selling Ancestors' Land: A Hong Kong Lineage Adapts", *Modern China* 27, (2), 2001, pp.262-284.

〔16〕Allen Chun, *Land is to Live: A Study of the Concept of "Tsu" in a Hakka Chinese Village, New Territories, HongKong*, p.22.

〔17〕在新界以外居住的女性，則自 1971 年開始已經能夠和男性一樣公平地享有繼承權，有關繼承權事宜，詳見 Selina Chan, "Negotiating Tradition: Customary Succession in the New Territories of Hong Kong", in G. Evans and M. Tam (eds.), *Hong Kong: The Anthropology of a Chinese Metropolis*, Hawaii: Curzon Press, 1997.

〔18〕原曲：沉默不是懦弱，忍耐不是麻木，儒家的傳統思想帶領我們的腳步，八年艱苦的抗戰，證實我堅毅民族，不到最後關頭，絕不輕言戰鬥，忍無可忍的時候，我會挺身而出，同胞受苦河山待復，我會牢牢記住，我不管生在哪裡，我是中國人，無論死在何處，誓做中國魂。

〔19〕自 1980 年代以來，香港回歸在即，不少社區及組織紛紛打著愛國的旗號，多次與中方各級官員見面商談 1997 年以後事宜，愛國心也成為一張普通的政治面孔。

〔20〕《文匯報》，1997 年 4 月 25 日。

〔21〕盆菜乃鄉村式的食品，詳見本書 88 頁圖片。

〔22〕《文匯報》，1977 年 7 月 26 日。

〔23〕Selina Chan, "Memory Making, Identity Building: The Dynamics of Economics and Politics in the New Territories of Hong Kong", *China Information* XVII (1), 2003, pp.66-91.

〔24〕James Watson, "From a Common Pot: Feasting with Equals in Chinese Society", *Anthropos* 5(8), 1987, pp.389-401.

Nicole Constable

Nicole Constable

第
四
章

基督教與客家人身份[*]

在香港新界東北部、距離粉嶺火車站不足一哩，一度是廣東鄧氏宗族祖地的中心，有一個非常獨特的社區：崇謙堂村，一個客家基督徒的社區[1]。該地區亦稱為龍躍頭，位於龍山上，當地傳說指出，就像龍口含著珍珠一樣。客籍基督徒於 1903 年不顧當地人的反對，在珍珠頂、龍口的風水地建村。

在這一章，我會探討崇謙堂村的基督徒和客籍中國人身份認同之間的關係，並指出在宗教和族群身份認同之間有著更廣泛的聯繫。首先，我會概述在 19 世紀末、20 世紀初，巴色差會（Basel Evangelical Missionary Society）與香港和廣東省客家人之間的歷史關聯。接著，以崇謙堂村為研究個案，指出雖然崇謙堂人的基督教信仰並沒有採取獨特的 "中國人" 模式，但他們的基督徒身份並沒有影響他們的漢族或客家人身份認同。我特別希望提出，基督信仰容許客家基督徒再肯定和重新詮釋，甚至在某程度上增強其客家人的身份。

保羅‧科恩（Paul Cohen）和其他學者曾經提出，在中國，基督教常常吸引一些在該國主流權力架構以外的邊緣人士加入，像約翰‧謝潑德（John Shepherd）描述的台灣平埔族群，或是諾爾瑪‧戴蒙德（Norma Diamond）描述的苗族人，以及客家人也是一樣。但客家人與平埔族和苗族不同，他們雖然名聲不好、貧窮或處於 19 世紀中國權力架構的邊緣[2]，他們仍然是漢族人。對於平埔族、苗族和其他少數民族來說，歸信基督教是一反對策略，是避免漢化的方法，亦是一種手段，以賦予力量去抵抗漢族向他們強加定義、身份和文化類別。對客家人來說，基督教信仰肯定是賦權和抵抗的手段，但不同於平埔族和苗族，客家基督徒無意利用基督教信仰來反對漢族身份或文化。對他們來說，基督教信仰可以用來重新商議他們的正統漢族身份。

對客籍基督徒來說，基督教和中國人兩者身份的調和並不那麼容易、直接。它需要在可接受的宗教框架和保守派改革宗巴色差會的傳統內，重新建構中國人的價值觀和信仰。雖然部分基督教信仰和價值觀從根本上反對某些中國人價值觀，但我希望顯示客家教會同樣提供重要的環境，讓客籍基督徒可以表達客家人身份的特色，而在這樣做的同時，亦繼續強調他們的漢族身份。

誰是客家人？

與大部分關於身份的問題一樣，答案視乎誰在提問，而在不同情況及不同環境下，人們對身份的說明亦有所不同。在當代香港，許多非客家人或那些公開承認自己客家身份的人，都把"客家人"這名詞與一系列負面的內涵連結在一起，包括貧窮、沒教養、落後、鄉下人、沒有文化、異族人等。不過，對客家人也有一些正面的描述，如愛國、合作、單純等，所以亦有人會公開承認其客家人的身份。

崇謙堂村客籍基督徒廣泛接受的客家人定義，正是來自著名客籍歷史學者羅香林在其作品中所描述的，同時亦為遍佈全球的國際客家組織所採納[3]。羅的作品已被視為"客家人真實的聖經"，對客家的一些信念沒帶有含糊的陳述[4]。根據梁肇庭的總結，羅香林相信：

一、客家人是來自中部平原的移民，是真正來自中國文化搖籃的漢族人，不是山地人，他們的鄰居只是出於無知或敵意才會這樣認定；

二、客家人在歷史上認同漢族愛國主義，他們是 4 世紀晉朝的保皇黨，亦是宋朝的保皇派，於 13 世紀末到 14 世紀對付蒙古入侵者，在近代亦是反清愛國烈士，洪秀全和孫中山是當中的代表人物；

三、客家話明顯源自北方和中部平原的隋唐音系；

四、客家人無可非議地以他們的女人、教育成就，以及擁有所有中國人的傳統美德包括勤奮、樸素和有教養為榮[5]。

對於羅香林和大部分客家人來說，客家人最重要的特點是他們是中國漢族人。雖然他們在今日的中華人民共和國獲得官方確認，但客家人常常感到他們需要維護這說法，特別是在 19 世紀下半葉。

根據大部分資料，客家人最早在第 4 世紀從中國中北部移居，14 世紀到達福建和廣東[6]。大部分學者相信，自此以後"客家"這名字（意即訪客或陌生人）與這批移民連結起來，以分辨他們與本地人之間的不同[7]。廣東本地人認為客家人不同的語言和習俗，證明他們是部落社會的人而不是真正的中國人。由於被稱為外人和新移民，客家人作為後來者，於是定居在廣東省貧困和遍遠的山區。在本章的敘述當中，會越來越清楚顯出，即使如此基本和廣泛接受的客家人定義中，亦在某程度上受到像羅香林這些客籍基督徒，作為客家人的重要發言人所影響。這種客家人的形象亦受到歐洲傳教士的強化和延續，特別是對客家人的源頭和身份問題上的興趣。

客家人和巴色差會

在 19 世紀中期，正值中國南部充滿戰爭、饑荒和自然災害，當客家人和本地人之間爆發衝突，本地人對客家人的偏見越來越厲害之際[8]，第一批巴色差會的傳教士抵達中國[9]。緊隨客家人和本地人之間的災難性戰爭，以及太平天國叛亂之後，數以千計的客家人尋求巴色差會的援助和庇護。這進一步加劇本地人對他們的敵意，並強調假如客家人是真正的中國人，他們就不會接受外國邪魔的信仰。然而，歐洲傳教士卻支持客家人來自中國北方的說法。

首兩名來華的巴色差會傳教士是韓山明（Theodor Hamberg）牧師和黎力基（Rudolf Lechler）牧師，他們應創立福漢會（Chinese Union）的郭士立（Karl Friedrich August Gützlaff）的要求，於 1847 年抵達香港。黎力基負責廣東東部的閩南語系人士，包括福建和潮州人，而韓山明則集中在珠江三角洲和新界的客家語社群，另有兩位同年抵華的禮賢會傳教士則被分派到說廣東話的社區工作。在黎力基無法吸引福建人改變信仰後，他參加韓山明的客家人工作。1854 年，韓山明逝世，但在黎力基領導下，巴色差會的影響力擴展至廣東省東北部東江及梅江沿岸的客家人地區。雖然最終僅不足 10% 的客家人歸信基督教，但比例上客家人信奉基督教的比率高於任何其他地區的中國人[10]。

從很早開始，巴色差會已經與客家人有聯繫。崇謙堂村的一名村民解釋說，雖然有其他教會進入客家人社群，但巴色差會是客家人眾所周知的 "客家人教會"。當信奉基督的客籍信徒成為傳教士及教會的工作人員時，他們會幫忙把聖經和字典翻譯成客家話。崇謙堂村的人感謝客家人和歐洲傳教士把客家話轉化成文字，並設計一些中文字去表述口頭用語。透過教會，一套標準的客家方言便形成了。據崇謙堂村的人表示，教會方言令梅縣、寶安和廣東其他地區的客家人可以溝通。雖然不同地區的客家話不會有太大差別以致無法溝通（崇謙堂村的人表示，他們在家說不同的方言，但在教會溝通上亦無問題），但是一套標準化的方言卻令客家人作為一個群體，以統一的語言來團結遍佈世界各個角落的不同國籍的人：共享的身份認同是依靠共通的語言。

巴色差會的學校和教會給客家人提供重要的組織結構。在 1876 年，有四個巴色差會傳教站、16 個遠離城鎮的外設站、11 所學校和 953 個領受聖餐者分佈在廣東的客家地區。直至 1913 年，教會已經發展到包括 18 個傳教站、108 個外設站，以及 80 所學校（包括 1 所神學院、2 所普通學校、1 所中文中學、4 所英文中學、13 所寄宿學校，以及共有 3,097 名學生）。另外，還有兩家醫院、幾家藥房、72 名歐洲員工、271 名中國員工

左面為舊有的教堂，而右面的新教堂則建於 1983 年。（攝於 1987 年）

和 6,699 名領受聖餐者[11]。到 1948 年，巴色差會已經有接近 2 萬名領受聖餐者[12]。在巴色差會學校就讀的中學生，會學習德語和英語，當中許多人後來前往上海或廣州的大學修讀醫學或工程學[13]。已經有許多證據證明，香港的中國人基督徒透過歸信基督教在社會上得以爬升。教會提供西式教育和工作，令中國基督徒可以在商界和政府取得中間人的位置[14]。同樣地，巴色差會讓一批受過西方教育的基督教客家精英冒升起來。

在傳教的情況下，可以表達同姓及同鄉以外的聯繫，同時，客家人的社交網絡亦能擴大。在巴色差會學校就讀的年輕男女客家基督徒會安排結婚，亦會建立友誼和商業合作關係。在客家教會、學校和神學院的環境下，來自廣東不同地區的客家人得以聚結一起，但他們之間的聯繫不僅由於他們信奉基督教，還因為他們在族群上的聯繫，在這之前，並沒有多大機會可以表現出來，除了太平天國叛亂時期。

太平天國叛亂值得在此一提，原因是它與客家身份有關。第一，與客家教會一樣，太平天國叛亂同時起著團結來自不同地區客家人的作用，跨越親屬關係或同鄉的聯繫。有大量證據顯示（雖然對此的強調並不足夠），大多數拜上帝會（太平天國前身）的成員都是客家人[15]。我們可以假設吸引客家人加入拜上帝會的元素，是與他們歸信基督教一樣。根據孔復禮（Philip Kuhn）所說，在珠江三角洲地區"族群關係與聚落及親屬關係長久以來的和諧，意味著沒有需要新的象徵性結構去表達族群衝突"[16]。但相反，在廣西不完整的親屬關係和移民模式，令族群性沒有堅固的社會基礎，繼而沒有概念上的格式化建立。在 1840 年代的暴力衝突當中，族群關係一般來說成為自由漂浮變項，它需要新一套概念來表達（就像它需要新的組織框架——拜上帝會）[17]。同樣地，廣東客家地區的客家教會提供了組織框架給客家的族群關係。

太平天國叛亂的重要性同時因為對於許多客家人來說，它象徵愛國主義、民族主義和其他正面的客家人品質和特點。客家人在太平天國叛亂中的中心地位，亦吸引到歐洲傳教士的注意。最初，韓山明牧師和其他傳教士對拜上帝會和太平天國成員的基督教狀況感到樂觀，然而最終卻感到失望。不過，太平天國叛亂向歐洲傳教士顯示出，客家人"對新的信念是持開放態度的"[18]。參加太平天國叛亂亦顯示出客家人的"政治才能"、"軍事天資"和"熱愛自由"[19]。雖然對於部分歐洲傳教士來說，太平天國叛亂"最終慘敗"，但他們想知道，"若這運動有更好的指揮，會不會取得較好的結果"[20]。黎力基牧師和其他傳教士亦發現，客家人比起本地人較不仇外和排他，因此聲稱"他們較容易接受福音"[21]。

緊隨太平天國叛亂之後，由於叛亂份子的許多親友和支持者逃至歐洲傳教士的庇護所，傳教士對客家人的興趣亦因此而增加了。很多傳教刊物中的文章和地方志，均集中報道客家人的源頭問題。傳教士問客家人是否"獨特的種族或部族，住在接近廣州和汕頭的山區，他們比本地中國人較次級……一種比土著更有文化的種族，但幾乎不能與中國人並列"[22]；又或者是"他們是純種的中國人"，"真正的中國人"，"不是外國人，而是來自中國北方的真正中國人"[23]？許多例子顯示，傳教士偏向於認為客家人原本是身份較高的，為客家人的説法提供支援。其中一名傳教士寫道：

> 源自福建山區一角部族這一理論常常受到質疑，但是許多對客家人歷史沒有正確知識的作者，常常認為客家人屬於該省的土著，完全不是真正的中國人——這是厭惡客家人的本地人推薦的想法。反對這理論的事實是語言、文字、風俗，以及移居與擴展衝動。這種衝動是真正中國人的特性，而不是土著的。因此接受他們在公元 900 年從河南光山移居過來的説法是穩妥的，而甚至今日這個地方的語言、風俗，尤其是有關婚姻及葬禮方面，均被指與客家人有著十分相似的地方[24]。

據黎力基牧師指出，要追蹤客家人的源頭，最可靠的資料是"由族長認真地保存的族譜"。他追索"李求道者"的"世系表"早至公元 620 年唐朝的開國者，並引述其他族譜來顯示"客家人是來自中國北方"的。他表示，這解釋了為何"他們的方言與普通話有著相同之處，而他們頻密的遷徙，顯現了他們被指為陌生人或移民的意義"[25]。對所有中國人來説，族譜提供了作為中國人的證據，與野蠻人區分開來[26]。雖然許多中國族譜被認為不可信或不真實，但它們在自稱中國人身份的問題上扮演了重要角色，如 Eric Hobsbawm 和 Terence Ranger 提到的"創造的傳統"——這些實踐企圖"以適當的歷史過去來建立一種連續性"[27]。

傳教士文獻處理客家人的另一個經常提及的主題，亦是人們經常聽到崇謙堂村人所説的，就是關於客家女人和勤勞。客家女人不纏腳，並參與"男性的工作"，令他們的中國鄰居認為客家人比中國人更像"山地人"。然而，歐洲傳教士發現，客家女人的地位，比廣東人和福建人更自然和健康。其中一名傳教士寫道，客家人更傾向於有"更快樂的家庭生活，因為她們的家庭生活較少受到令人不快的壞事如一夫多妻制和奴婢的妨礙，它們阻止男人與妻子發展感情，亦沒有提供機會讓人享受平靜與快樂的家庭生活"[28]。Wilhelm Oehler 發現，客家女人不會被賣作妾侍或姨太太，而客家人寧願將女孩殺死也不會把她賣作奴婢，他相信這種風俗"源自對婦女的尊重"[29]。

歐洲傳教士寫的一段著名章節稍後多次被翻印，包括 1932 年梅縣以及 1951 年霹靂客家公會（Perak Public Association of the Hakkas）的翻譯[30]。其原文寫道：

> 客家人肯定是非常獨特和強勁的中國種族，他們的源頭環境以及遷移到如

此遠的地方，解釋了他們的種族自尊以及勇敢精神，或許他們從來沒有紮腳的習慣。可以預測客家人在中國人民的進步與提升中，將會扮演越來越重要的角色。[31]

這種客家人的正面形象，以及傳教士對客家人來自中國北方的系譜、語言上和文化上的"證據"的提供，深深得到客家人的接受，這或許是客家人受到巴色差會吸引的原因。這些對客家人的稱讚，可以在客家歷史學家的作品中顯現出來，亦與崇謙堂村人採納當代對客家人的看法是一致的[32]。

崇謙堂的建立

在太平天國叛亂失敗後，太平天國成員和他們的親友據說大批湧向歐洲傳教士處尋求庇護。據《沙巴一百周年紀念雜誌》（*Sabah Centennial Magazine*）指出，黎力基牧師安排數以百計的客籍難民在海外定居。這些難民"是參與太平天國叛亂的成員的朋友或親屬，在叛亂失敗後，他們害怕被滿清政權追殺"[33]。數以百計的客家人，在巴色差會的協助下離開廣東，前往沙巴或英屬圭亞那等其他地方。其餘的人則定居在香港，而且當中很多參加了當時香港約有十多個巴色差會中的其中一個（現在的崇真會）客家人教會。崇謙堂村的人以及其他崇真教會教友仍對該次叛亂感到自豪，並認為其社群中的許多早期成員都是太平天國成員的親友。

崇謙堂村於 1903 年由退休客家人巴色差會傳教士凌啟蓮正式創立。雖然其他客家人較早前企圖在龍躍頭地區建立社區，但他們最多逗留了數年，後因本地人的敵意而離開。凌啟蓮是首位長期安頓該處的客籍基督徒。他的父親與大部分早期崇謙堂村家庭一樣，因巴色差會傳教士而歸信基督教。凌啟蓮的父親由韓山明牧師施行浸禮，當巴色差會傳教士被逐出布吉後，他帶同家人與巴色差會傳教士一起移居到利郎，這地方已有一所小教堂、一所男校和一所神學院。凌啟蓮稍後就讀巴色差會學校，然後擔任巴色差會牧師直至 1903 年，當他退休時，買了一幅地，就是現在的崇謙堂。

崇謙堂村位於龍躍頭，該地一度被認為是當地鄧族的發祥地[34]。龍躍頭鄧族是新界本地人世系中最有權力和財富的分支，在 1903 年，龍躍頭是全新界最少客家人的地區之一。雖然本地人反對客籍基督徒進入該區，而兩批人偶而會出現爭執或衝突，但客籍基督徒最終排除萬難建立了他們的社區。

客籍基督徒常常把他們的"道德長處"與本地人的"道德敗壞"對比，並表示這就是他們能夠在崇謙堂村落地生根的原因。客籍基督徒常說，這是"神的旨意"或"在神的幫助下，我們克服困難並成功在此落地生根"，不過，崇謙堂村的人提供的主要解

崇謙堂的內部。（攝於 1987 年）

釋是，不僅由於客家人的努力和正直，更因為鄧氏家族的道德沒落。其中一名老人解釋説：

> 鄧氏住在這兒很長時間，他們不喜歡後來者。我們受到威脅，被視為異類和外人。我們經歷了艱辛的日子⋯⋯鄧氏是富有的人，但我們説富不過三代。或許因為第三代的人已經忘記如何賺錢和變得懶惰。是的，鄧族人是懶散的。或許他們吸太多鴉片、有太多妾侍、常常打麻將、賭錢敗家⋯⋯。彭氏和林氏（該村兩名早期居民）透過抵押公司取得鄧氏的土地。我們客家人曾經橫越中國和侵佔富有地主的土地，因為我們願意辛勤工作。

另一人解釋，鄧族的男丁懶於落田工作，或已經不知怎樣去幹活，以及其餘的已移居城市或海外，因而讓客家人有機會耕種及購買土地。裴達禮（Hugh Baker）以相同的方法解釋龍躍頭鄧氏本地強權世系的沒落，與"人力不足或亂花財富"有關[35]。

村民亦常常引述風水，或當地的風水形貌，作為新界宗族成功或沒落的原因[36]。雖然崇謙堂的人認識風水，但他們並不會引述風水傳説，儘管他們相信它是真實的。他們説的是"歷史"——被一些人相信是真實的及正確的——以及關於那些相信風水的外來者，或關於基督教對風水的影響力量。根據其中一個傳説：

> 村落是建於龍山腳下、鳳水河畔。在基督徒抵達前，本地人在其中一些土地上耕種，但沒有人敢住在這兒，因為這兒的風水很強。因此，當基督徒要求在此定居時，他們説："何不讓他們試試？"崇謙堂人來到這兒起屋，沒有受到任何傷害。

一名被訪者對這傳説作結："這測試了基督徒對基督教的信仰力量"；另一人説："本地人其後明白，基督教的力量比風水更強。"在這些結論下，人們可能期望本地人湧到教會並歸信基督教，但他們沒有這樣做，而是他們改變了對風水的看法，這從有非基督徒的廣東人在教堂周圍的山坡上建碑立墓，可以證明這一點。

還有其他因素幫助客家基督徒建立他們的社區。一些本地宗族，在遠至 17 世紀，正值遷界及復界時，已開始沒落[37]。不過，英國人佔領新界亦促成其沒落。

在英國人來到之前，當地主要宗族利用既有的複雜土地擁有權來佔有新界大量土地[38]。這些望族的成員向那些在沒有在中國政府登記的土地上耕種的人收"税"。當英國人開始登記土地，這些"税主"聲稱他們只是收租，不是收税。到 1905 年，英國政府已經登記了所有擁有契約轉讓權的土地。而沒有契約的土地，則採取"耕者有其田"

橫巷盡頭的建築物為彭樂三與凌啟蓮兩家曾共住的居所。（攝於 1987 年）

的辦法[39]。屏山鄧氏聲稱，他們在英人佔領之前的年代擁有更多的土地，但當英國人進行土地查勘時，他們的佃農卻不老實地聲稱自己是地主[40]。據科大衛（David Faure）指出，當英國人抵達龍躍頭後，鄧氏失去他們控制地骨的權利，這"改變了新界基本的政治形勢"[41]。這個修正的土地擁有權系統，大大有利於客家人，卻損害了本地地主的利益，同時令客家人與英國人聯結在一起。崇謙堂人和本地人之間的無數衝突，顯示了客家基督徒寧願把問題直接向由英國人擔任的地區行政官提出，以確保他們可以避開龍躍頭村長老的支配。

雖然許多土地記錄在日軍佔領香港時被毀，但現存者仍足夠對崇謙堂地區的土地擁有權作出概括的陳述。在 20 世紀初，崇謙堂村內及附近屬於鄧族的土地，慢慢地賣給客家基督徒，而鄧族則後退至龍躍頭最東北地區。到 1905 年，凌啟蓮牧師和他的家人擁有崇謙堂村內及周圍約 20% 的土地（約 10.5 英畝）；鄧族則擁有大約 30%（約 15 英畝）；其餘為官地。在其後 20 年，鄧族差不多賣出全部他們在崇謙堂的土地，而大部分餘下的官地則出租給客籍基督徒。

在 1903 至 1934 年間，另外八個姓氏的家庭相繼移居至崇謙堂，他們大部分來自寶安區，但亦有五華、梅縣、興寧和其他巴色差會傳教站。與新界區大部分鄉村不同，吸引這些移民來到這社區的不僅為親屬關係或同鄉聯繫，還有宗教與族群的關係。在家庭歷史中記載了，移民離開廣東家鄉的原因是貧窮、人口壓力、客家和本地人衝突增加、對基督徒的歧視增加、對家鄉生活整體不滿，以及期望在和平的英屬新界可以過更好的生活[42]。所有首批移居到崇謙堂村的都是客家人，以及大部分是基督徒或在移居當地後不久歸信基督教。當中有部分人是退休的傳教士，他們曾經在廣東或香港的巴色差會工作，而且差不多所有人都聲稱曾經受到宗教上的迫害或被家鄉村民暴力對待。越來越多的一家之主成為傳教士，他們上巴色差會學校，許多人選擇在崇謙堂村而不是在自己土生土長的鄉村退休。宗教網絡顯然是主要的機制讓人們認識到崇謙堂並到這兒定居，但親屬關係和同鄉聯繫亦是因素之一[43]。

在凌牧師購買崇謙堂村土地以後，第一批來這兒的人是他的貧窮親戚，他們來這兒為他當佃農種米。在 1903 至 1905 年間，凌啟蓮和他的長子凌善元努力向佃農和該地區的其他客家人傳福音。到 1905 年冬天，已經有 10 人歸信基督教，因此凌牧師要求巴色差會派遣一名牧師到這村建立教堂。是年，他們派遣彭樂三；到 1913 年，由張和彬代替他的位置。然而，彭樂三仍然在新界及崇謙堂村的建立和成長扮演著重要角色。

崇謙堂人有著同樣的目標，就是建立一個模範社區。在彭樂三編輯的村歷史序言中，一名來自香港另一巴色差會教堂的訪問牧師，這樣描述崇謙堂村：

> 所謂模範村者，質言之，則出入有公路，靈修有教堂，教育子弟有學校，

粉嶺崇謙堂。（攝於 1987 年）

崇謙堂一群年輕的教友正在慶祝生辰。（攝於 1987 年）

療治疾病有醫院，死喪殯葬有公墳；人各安其居，樂其業；而又能親愛邨睦，合於古訓相友相助相扶持之旨也。……丙寅仲秋，南下巡探教會，始悉香港新界龍躍頭，真有如揣想之模範村；……屢至其地，至而往往留戀不忍去；……且全村男女百餘人，悉信奉基督；親愛友助，不啻家人至親；……乃瞿然曰：寧非所謂模範村者耶？……世有欲踵起組織者，正可於此求師資也[44]。

　　到 1930 年代初期，一所教堂建立了並擴張，雖然在相鄰社區成員的長期鬥爭和反對下，還建立了公路和橋樑連接這條村與主要道路。一所本地小學亦創立了。儘管已經有一所學校在鄰村，客籍基督徒不認為這是讓他們的孩子學習的好地方，一部分原因是上課的地方是鄧氏宗祠，另一原因是這所學校亦不歡迎客籍基督徒。建立公墓對崇謙堂的人亦很重要，因為它顯示他們關注先人和顯示這是他們永久的家。部分崇謙堂的創始人把先人的骨移到新的基督教公墓安葬。他們購買土地、建立永久的家，並把社區成員叫作“教會家庭”。

　　每個星期日，崇謙堂教堂都會吸引到大約 150 人，而在特別的日子如聖誕節和農曆新年，會有多達四、五百人出席。所有認識崇謙堂的人，仍然會把它標籤為客家基督徒社區，而無論是局內人或局外人，均把屬於教會的人標籤為客家基督徒。不過，在香港的廣義層面上，大部分崇謙堂人可以毫無困難地假扮為廣東人。沒有明顯的標記可以分辨出客家人和廣東人，亦很難找到不會說廣東話的客家人[45]。大部分人在工作地方和學校都會說廣東話，亦有越來越多客家人在家中也說廣東話。

歷史和客家身份

　　一名客籍基督教傳教士寫道，基督教在香港和中國的客家人之間取得“成功”，因為“成為基督徒”並不意味著“離棄我們親愛的客家人”[46]。像崇謙堂所表現出來的，成為基督徒並不意味著拋棄祖宗。相反地，成為教會成員，崇謙堂人被假設為客家人，而在社區的脈絡中，他們亦無法逃避他們被認定的身份，即使他們希望這樣做。成為崇謙堂基督徒，亦同時被崇謙堂以及周圍社區的人視為客家人。因此，作為客家人的負面內涵變成了正面。

　　當客籍基督徒意識到，非客家人或非基督徒是基於他們的不同宗教信仰和實踐來非難他們不是中國人——特別是基督徒不贊成拜祭祖先和照顧死去的人——，他們於是在定義自己為客家人的同時，亦同樣以血統和歷史來定義自己為中國人。客籍基督徒將焦點放在共同的繼嗣上，讓他們能夠避開以文化來定義中國人的身份，即基於特別的“中國人”宗教信仰或實踐[47]。當客籍基督徒仍然關心祖先，他們集中在族譜、歷史角色

1927 年從謙（初級小學）學校。

和"紀念節日"身上,而不是"拜祭"先人。根據早期巴色差會傳教士的傳統,崇謙堂人仍然會譴責和批評拜祭祖先。但其後他們轉化和重新定義拜祭祖先,以"世俗化"的方法去關注死去的人。然而,這種世俗化的關注,仍然在宗教的節日和環境中表現出來。

每一年在復活節崇拜後、在清明節非基督徒掃墓的時候,崇謙堂的客籍基督徒會列隊前往村後的基督教公墓,在祖先的墓前獻花。他們會在墓前祈禱,牧師會發表簡短的佈道,合唱團則會唱幾首讚歌。像香港其他非基督教的墓地一樣,大部分的墓碑會在這一天重新塗漆和"清掃"。那些被遺忘的墓碑則會明顯地雜草叢生。不過,崇謙堂的公墓不會像香港非基督教墳墓一樣,出現酒、生果、香燭或紙錢,同時,人們在崇謙堂公墓不會在墳前鞠躬或叩頭。

在我進行實地考察時,許多人向我說明崇謙堂公墓的重要性。老一輩人評價,在他們死後,即使子孫忘記他們,牧師和教會的合唱團每年都肯定會到訪他們墓前一次。在大部分墓碑上的標示,主要是亡故者的照片、系譜資料以及死者的故鄉。人們解釋說,公墓的重要性在於這是一個顯示對祖先尊敬、紀念家庭和村歷史的地方。因此公墓是作為教會和村歷史的具體及物質上的代表,以及作為中國人和基督教價值觀之間有意識的調解,代表了對祖先的持續關注。

祖先亦會在教會、村和客家歷史的典籍當中被記錄下來。當我問及崇謙堂人關於客家人身份的問題,他們一再指引我去參考兩大資料來源。一是羅香林所寫的客家人歷史,另一是由彭樂三編纂的村歷史。雖然很少人確實讀過這些書,但大部分都聽過和知道它們的內容。許多情況下,教會的歷史會被刊印在教會和傳道紀念特刊上,故當崇謙堂人在認識教會歷史的同時,當中便包含了彭樂三的村歷史和羅香林的客家人歷史。

彭樂三對村編纂歷史,反映了他和其他崇謙堂教會成員關注到作為中國人和基督徒的身份。當中,彭樂三提及客家基督徒對祖先的忠誠,以及他們努力地把崇謙堂建立為一個永久的家。此書提供每一個家庭的詳細族譜,以及解釋了他們移民的原因。彭樂三以它作為對祖先的頌辭以及作為子孫的教訓。

11 個家庭歷史的幾名作者均強調保存族譜的重要性,並表達了他們相信認識家庭歷史是個人的責任。據彭樂三指出,他編輯手稿最主要的目的,是為未來世代保存村歷史,以及鼓勵他們實踐對家庭和社區的責任。他在引言寫出了對社群的關注:"團體事業之隆盛。固賴有人為之開闢倡導。亦賴有人為之繼繩光大。否則莫為之前。雖美弗彰。莫為之後。雖盛弗傳也。然而守成不易。"[48]在凌家歷史中,凌善元開始時描述了一種信念,這就是假如人們不認識自己的祖先,他就連動物也不如,因此人們應該盡可能追溯自己的家庭歷史。他追溯凌家歷史至江西省,追蹤他們的移民源頭至梅縣和寶安,提供關於他的"崇拜偶像"至 40 歲時才認識基督教的祖父的詳細資料,然後他"遠離偶像,獻身給真神",而他和家人亦已受洗。凌家歷史和其他家族的歷史一樣,描繪對基

修葺了的彭樂三墳墓，位於崇謙堂基地的對面。(攝於 1987 年)

崇謙堂是新界唯一有自己基地的教堂，圖中墓園建於 1931 年。(攝於 1987 年)

督徒的仇恨和迫害是如何出現的，以及強調他們的孝心和對基督教的獻身。

著名的客籍歷史學家羅香林，在 1940 年代寫了第一本關於客家人歷史的書後便加入了崇謙堂[49]。他稍後成為教會長老，而妻子則在崇謙堂的學校任教。他關於客家歷史來源研究的名著，引用了部分彭樂三編纂的崇謙堂族譜來證明客家人是來自中國北方[50]。彭樂三在崇謙堂歷史書所做的，是記錄了當地客家基督徒與祖先的聯繫，而羅香林則將之推而廣之至所有層面的客家人，建立了他們與中國中北部的族譜聯繫。羅香林在他的其中兩本書中提出了一些證據，證明孫中山是客家人[51]。他同時帶出客家人在太平天國叛亂中的英雄角色，並肯定客家人和客家女人的特質。

像彭樂三一樣，羅香林關注到客家人如何同時成為中國人和基督徒。正如其女兒解釋說，通過對客家人歷史的工作，他能夠調和上述兩種身份。羅香林像彭樂三一樣，敏銳地意識到在界定中國人身份時祖先的重要性。像一名村民解釋說，羅香林花了大部分時間去收集公墓中墓碑的資料來認識過去和現在之間的聯繫。羅香林其中一項計劃是在八鄉興建羅氏宗祠，讓基督徒和非基督徒均可到訪，亦可同時紀念基督徒和非基督徒祖先。當非基督徒前往拜祭祖先時，基督徒可到宗祠的一旁，於十字架下祈禱，向先人致敬。

結語

今日的崇謙堂，不是所有人都認同客家身份對現在和未來的重要性。部分人認為中國族群特徵有著明顯的區分，其他人則對年輕人就客家人的意義沒有表現出"深切瞭解"而感到遺憾。然而，所有人均同意，客家人有著同樣的移民歷史和來自中國北部的共同源頭。而他們過去的艱辛，得出了對客家人特性的共同觀點——客家人是勤奮、有自尊心、努力、愛國和誠實的。

客家人身份，無論有沒有基督教信仰，均持續存在。雖然正式的基督教不贊成拜祭祖先和其他中國文化習俗，但崇謙堂人卻能夠適應他們對祖先的責任為一種世俗化的紀念和尊敬。客家基督徒雖然被非基督徒指控他們放棄祖先，因此不是中國人，但崇謙堂人卻維持對中國人身份的定義是取決於世系和歷史兩方面。我們可以說，崇謙堂人是因為基督教信仰而堅持其客家中國人的身份：正面的客家人形象是與歐洲傳教士的觀點相符，並且由後者加以強化。教會提供了組織框架，給客家人超越傳統的同宗或同鄉這些類別；而在當代香港的情境下，教會提供了其中一個少有的環境，令客家身份繼續有著其意義。

然而，客家、漢人和基督徒身份並不容易調和一致。崇謙堂人企圖在同一時間與兩種霸權制度結盟是有基本上的困難。終極的矛盾是，基督教信仰把他們的政治和經濟身份合法化，因此授予他們影響力，但他們對基督徒認同的優越感卻與漢族身份相左右。諷刺的是，基督教信仰在維持他們的客家人身份上同樣重要，因為他們在居住及崇拜的社區中是被其他人標籤為本質上的客家人和基督徒。因此，崇謙堂人把自己認同為中國人和基督徒，但同時繼續搏鬥和企圖把兩種身份之間的基本張力合理化。

＊ 本文由潘淑美初譯，陳國成協助校譯。譯自 Nicole Constable, "Christianity and Hakka Identity" in Daniel Bays, *Christianity in China: from the Eighteenth Century to the Present*, Stanford University Press, 1996. 作者感謝史丹福大學出版社批准將該文章翻譯為中文並出版。

感謝美國學術團體委員會和社會科學研究委員會的中國研究聯合委員會、加州大學柏克萊分校人類學系路威基金支持這項研究，作者亦感激中國計劃基督教歷史首次討論會幾名參與者提供的協助和建議，以及感謝 William A. Shack, Angnes Wen 和 Joseph S. Alter。本章的部分資料出現在 Nicole Constable, *Christian Souls and Chinese Spirits: A Hakka Community in Hong Kong*, Berkeley: University of California Press, 1994。作者感激加州大學出版社批准使用這些資料。

〔1〕 對崇謙堂村更詳細的描述，參看 Nicole Constable, *Christian Souls and Chinese Spirits: a Hakka Community in Hong Kong*, Berkeley: University of California Press, 1994。

〔2〕 Paul A. Cohen, *China and Christianity: the Missionary Movement and the Growth of Chinese Antiforeignism, 1860-1870*, Cambridge: Harvard University Press, p.162.

〔3〕 參看羅香林，《客家史料匯篇》，香港：中國學社，1965 年；〈客家源流考〉，載《香港崇正總會三十周年紀念特刊》，1950 年；《客家研究導論》，廣東：希山書藏，1933 年。

〔4〕 S.T. Leong, "The Hakka Chinese: Ethnicity and Migrations in Late Imperial China", Paper presented at the 32nd Annual Meeting of the Association for Asian Studies, Washington, D.C., 21-23, Mar. 1980; "The Hakka Chinese of Lingnan: Ethnicity and Social Change in Modern Times", in David Pong and Edmund S.K. Fung (eds.), *Ideal and Reality: Social and Political Change in Modern China, 1860-1949*, New York: University Press of America, 1985, pp.1-27.

〔5〕 S.T. Leong, "The Hakka Chinese: Ethnicity and Migrations in Late Imperial China", pp. 5-6.

〔6〕 Ting Yu Hsieh, "Origins and Migrations of the Hakkas", *Chinese Social and Political Science Review*, 13 (1929), pp.208-228; 另可參看羅香林，《客家史料匯篇》。

〔7〕 S.T. Leong, "The Hakka Chinese: Ethnicity and Migrations in Late Imperial China", p.20; 另可參看 Ting Yu Hsieh, "Origins and Migrations of the Hakkas", p. 217.

〔8〕 Wan Lo, "Communal Strife in Mid-Nineteenth Century Kwangtung: The Establishment of Ch'ih-Chi", *Paper on China*, East Asian Research Center, Harvard University, 19 (1965), pp.85-119. 可參看 Myron L. Cohen, "The Hakka or 'Guest People': Dialect as a Sociocultural Variable in Southeastern China", *Ethnohistory*, 15.3, Summer 1968, pp.237-292.

〔9〕 巴色差會於 1815 年在瑞士的巴塞爾創立，得到瑞士、德國和奧匈帝國的成員支持。該會是國際性和跨宗派的，它的主要組成部分是路德會和歸正教會（Reformed Church）。巴色差會和香港、新加坡、沙巴、印尼、台灣、印度、喀麥隆、尼日利亞、肯尼亞、蘇丹、扎伊爾、波利維亞、智利、秘魯、大溪地和其他地方至今仍存在著夥伴關係。關於巴色差會在中國的歷史，參看 C.J. Voskamp, "The Work of German Missions in China", *China Mission Year Book*, 5, 1914, pp.371-376; Donald MacGillivray, *A Century of Protestant Missions (1870-1907)*, Shanghai: American Presbyterian Mission Press, 1907; 余偉康，〈崇真會一百四十年來工作、影響與展望〉，載《基督教香港崇真會 150 周年紀念特刊》；Wilhelm Oehler, "Christian Work among the Hakka." In M.T. Stauffer, ed. *Christian Occupation of China*, Shanghai: China Continuation Committee, 1922, pp.351-53; Wilhelm Schlatter, *Geschichte der Basler Mission, 1815-1915*, Basel:Verlag der Basler Missionsbuchhandlung, 1916; H. Hermann, "The Work of German Missions in China", *China Mission Year Book*, 2, 1911, pp.257-269.

〔10〕 參看 Wilhelm Oehler, "Christian Work among the Hakka", p.352; C.J. Voskamp, "The Work of German Missions in China", p.374, 和黎力基關於閩族和客家人的著作。關於估計客家基督徒人數問題的詳細討論，參看 Nicole Constable, *Christian Souls and Chinese Spirits*, 第一章。

〔11〕 C.J. Voskamp, "The Work of German Missions in China", p. 375.

〔12〕 余偉康，〈崇真會一百四十年來工作、影響與展望〉，頁 65。

〔13〕 同上。

〔14〕 Carl Smith, *Chinese Christians : Elites, Middlemen, and the Church in Hong Kong*, Hong Kong: Oxford University Press, 1985.

〔15〕 參看例如 Theodor Hamberg, *The Visions of Hung Siu-Tshuen and the Origin of the Kwang-si Insurrection*, Hong Kong: China Mail Office, 1854; Yi-faai Laai, "The Part Played by the Pirates of Kwantung and Kwangsi Province in the Taiping Insurrection." Ph.D. diss., University of California, Berkeley, 1950, pp.167-171; Vincent Y.C. Shih, *The Taipeng Ideology: Its Sources, Interpretations and Influences*, Seattle, University of Washington Press, pp. 49-50, 305-306; S.Y. Teng, *The Taipeng Rebellion and the Western Powers*, Oxford: Oxford University Press, 1971, pp. 54-55; Philip Kuhn, "Origins of the Taiping Vision: Cross-cultural Dimensions of a Chinese Rebellion", *Comparative Studies in Society and Hisotry*, 19.3, 1977, pp. 350-351; Paul Bohr, "The Hakka and the Heavenly Kingdom: Ethnicity and Religion in the Rise of the Taiping Rebellion", *China Notes*, 1981, p.135; Nicole Constable, *Christian Souls and Chinese Spirits*, 第二章。

〔16〕 Philip Kuhn, "Origins of the Taiping Vision: Cross-cultural Dimensions of a Chinese Rebellion", 1977, pp.364-365.

〔17〕 同註 16，頁 365。

〔18〕 Rudolf Lechler, "The Hakka Chinese." *Chinese Recorder*, 1878, p.359.

〔19〕 George Campbell, "Origin and Migration of the Hakkas", *Chinese Recorder*, 1912, pp.473-80; Wilhelm Oehler, "Christian Work among the Hakka".

〔20〕 Rudolf Lechler, "The Hakka Chinese", p.358.

〔21〕 同上。

〔22〕 George Campbell, "Origin and Migration of the Hakkas", p.474.

〔23〕 同上，頁 480; Charles Piton, "On the Origin and History of the Hakkas", *China Review,* 2.4, 1873, p.225; Wilhelm Oehler, "Christian Work among the Hakka"; E.J. Eitel, "Ethnographical Sketches of the Hakka Chinese", *Notes and Queries on China and Japan*, 1867, p.65; Rudolf Lechler, "The Hakka Chinese".

〔24〕 Wilhelm Oehler, "Christian Work among the Hakka", p.351.

〔25〕 Rudolf Lechler, "The Hakka Chinese", pp.353-354.

〔26〕 參看 Fred Blake, "Negotiating Ethnolinguistic Symbols in a Chinese Market Town", Ph.D. diss., University of Illinois at Urban-Champaign, 1975, pp. 80-81.

〔27〕 Eric Hobsbawm, "Introduction: The Invention of Traditions", in Eric Hobsbawm and Terence Ranger (eds.), *The Invention of Traditions*, New York: Cambridge University Press, p.1.

〔28〕 E.J. Eitel, "Ethnographical Sketches of the Hakka Chinese", p.98.

〔29〕 Wilhelm Oehler, "Christian Work among the Hakka", p. 352.

〔30〕 Manabu Nakagawa, "Studies on the History of the Hakkas: Reconsidered" , *The Developing Economies,* 13.2, p.209.

〔31〕 George Campbell, "Origin and Migration of the Hakkas", p.480.

〔32〕 例子有羅香林《客家研究導論》及 Ting Yu Hsieh, "Origins and Migrations of the Hakkas".

〔33〕 Kwok Fu Tsang, *Centenary Magazine 1882-1982,* Basel Christian Church of Malaysia, Hong Kong: Tat To Printing Co., p. 5.

〔34〕 其他關於新界鄧氏宗族的研究，參看 Rubie S. Watson, "Creation of a Chinese Lineage: The Teng of Ha Tsuen, 1669-1751", *Modern Asian Studies,* 16.1, 1982, pp.69-100 及 *Inequality Among Brothers: Class and Kinship in South China*, Cambridge: Cambridge University Press, 1985; Jack Potter, *Capitalism and the Chinese Peasant: Social and Economic Change in a Hong Kong Village*, Berkeley: University of California Press, 1968; David Faure, *The Structure of Rural Chinese Society: Lineage and Village in the Eastern New Territories*, Hong Kong: Oxford University Press, 1986.

〔35〕 Hugh R. Baker, *A Chinese Lineage Village: Sheung Shui*, Stanford: Stanford University Press, 1968, p. 173.

〔36〕 David Faure, *The Structure of Rural Chinese Society: Lineage and Village in the Eastern New Territories*; Hok Pang Sung, "Legends and Stories of the New Territories", 2 parts, *Journal of the Hong Kong Branch of the Royal Asiatic Society,* 13, 1973, pp. 110-32; 14, 1974, pp.160-85.

〔37〕 Wan Lo, "Communal Strife in Mid-Nineteenth Century Kwangtung: The Establishment of Ch'ih-Chi".

〔38〕 Rubie S. Watson, *Inequality Among Brothers: Class and Kinship in South China*, pp.55-59.

〔39〕 同上，p.59.

〔40〕 Jack Potter, *Capitalism and the Chinese Peasant: Social and Economic Change in a Hong Kong Village*, p.164.

〔41〕 David Faure, *The Structure of Rural Chinese Society: Lineage and Village in the Eastern New Territories*, p.164.

〔42〕 彭樂三，〈香港新界龍躍頭崇謙堂村誌〉，1934 年。

〔43〕 參看 Nicole Constable, *Christian Souls and Chinese Spirits*, 第三章。

〔44〕 彭樂三，〈香港新界龍躍頭崇謙堂村誌〉，序言。

〔45〕 雖然許多香港人說客家人較矮、較結實、皮膚較黑和腳較一般中國人大，但沒有可能根據這些基礎來分辨他們。少數老婦仍然頭掛有特色的黑帶，以及把刺繡帶綁在耳後。參看 Elizabeth Johnson, "Patterned Bands in the New Territories of Hong Kong", *Journal of the Hong Kong Branch of the Royal Asiatic Society*, 16, 1976, pp.81-91 及 Fred Blake, "Negotiating Ethnolinguistic Symbols in a Chinese Market Town." 和 *Ethnic Groups and Social Change in a Chinese Market Town*, Asian Studies at Hawaii, no.27. Honolulu: University Press of Hawaii, 1981。其他戴配有黑"簾"裝邊平圓帽的婦女，亦常被當作客家人，但通常她們不是。這些帽，以及客家人較其他中國人結實和皮膚較黑的概念，可能來自客家人從事戶外體力勞動如耕田和地盤工作的成見。參看 Nicole Constable, *Guest People: Hakka Identity in China and Abroad*, Seattle: University of Washington Press, 1996, 第一章。

〔46〕David C. E. Liao, *The Unresponsive: Resistant or Neglected? The Hakka Chinese in Taiwan Illustrate a Common Missions Problem*, Chicago: Moody Press, p.7.

〔47〕Charles F. Keyes 主張民族特性包含 "工具主義的" 和 "原生的" 兩個方面，它 "來源於對世系的文化詮釋"（頁 5）。他一方面視民族特性作為 "一種判斷親屬關係的形式"，同時強調 "它是與祖先的聯繫，或人們相信共同的世系並不追溯自嚴格的家譜"（頁 6）。參看 "The Dialectics of Ethnic Change", in Charles F. Keyes, ed., *Ethnic Change*, Seattle: University of Washington Press, 1981. James L. Watson 強調在中華帝國晚期 "作為中國人就是要明白和接受有正確方法去執行生命周期習俗的看法"（頁 1），以及 "按照公眾認可的次序來正確地執行這些（殯葬）習俗，在決定誰是或誰不是真正的中國人至為重要。"（頁 4）參看 "The Structure of Chinese Funerary Rites: Elementary Forms, Ritual Sequence, and the Primacy of Performance", in James L. Watson and Evelyn S. Rawski (eds.), *Death Ritual in Late Imperial China*, Berkeley: University of California Press, 1988. 關於這一點的詳細討論，參看 Nicole Constable, *Christian Souls and Chinese Spirits*。

〔48〕彭樂三，〈香港新界龍躍頭崇謙堂村誌〉，頁 1。

〔49〕羅香林，《客家研究導論》。

〔50〕羅香林，《客家史料匯篇》。

〔51〕羅香林，《客家研究導論》，第七、八章；《客家史料匯篇》，頁 388-396。其他作者質疑此說。參考譚彼岸〈孫中山家世源流及其上代經濟狀況新證〉，載《學術研究》，第 3 期，1963 年，頁 32-38。

游子安

第五章

粉嶺地區祠觀與
香港早年道教源流

　　香港道教一脈相承於內地，1920 至 1930 年代中國社會動盪，一些內地道堂轉移或設分壇於港。香港位於南粵海隅，長期的自由環境能兼容不同宗教派別，道教在此蕞爾之地得以植根茁壯。在中國政局多變的時代裡，香港道堂扮演著薪火相傳的角色。例如清末以來廣東有三間黃大仙祠，及後香港普宜壇設立。經過半世紀多次的社會運動衝擊之下，廣東三間仙祠破壞淨盡，嗇色園普宜壇成為碩果僅存的供奉黃大仙的祠宇[1]。

　　提起粉嶺，早年以農業區與遊覽區為著，或使人想到軍營或聯和墟："粉嶺自一八九九年起，便成為北部軍營重地。一九一一年火車通車後，粉嶺火車站的北部，便建有龐大的軍營。一九四九年，粉嶺聯和墟開業，漸漸成為當地人的主要集中地……"[2] 以上軍事、交通運輸與經濟方面的描述，忽略了 20 世紀上葉的粉嶺，也是宗教靜修場所。粉嶺區早於清代，已建有幾所寺廟，包括位於龍躍頭龍山山麓的龍溪庵（今名龍山寺）[3]、龍躍頭村的天后宮，及彭族的三聖宮。香港有幾處地區是宮觀佛寺闢作道場的集中地：大嶼山鳳凰山至忽山一帶、荃灣芙蓉山至三疊潭、沙田排頭村山上，以及粉嶺火車站兩旁。從粉嶺火車站起步，前往蓬瀛仙館或藏霞精舍只需 10 分鐘腳程。20 世紀上葉不少學者、道侶流寓香江，南來道侶有選擇於粉嶺建成蓬瀛仙館、藏霞精舍作為清修靜室。1925 年建成的軒轅祖祠，位於粉嶺聯和墟對面的安樂村。1928 年廣州三元宮主持麥星階等道長遊香港，即下榻於安樂村，翌年創立蓬瀛仙館。先天道與全真龍門派是 20 世紀上下半葉，先後在香港大行其道的派別，恰巧的是，兩派最早建立的道堂皆奠基於粉嶺。翻開 1950 年代《新界旅行手冊》"粉嶺風光"，選介聯和墟、東閣圍外，寺廟包括軒轅祖祠、靜廬、蓬瀛仙館、淨修禪院及藏霞精舍[4]。1950 年代描述粉嶺區"為一寧靜之鄉，……地方清靜，所以也成為富人建築別墅之區。粉嶺的風景既然不錯，名勝也頗多，主要有蓬瀛仙館、軒轅祖祠、藏霞精舍等[5]。"

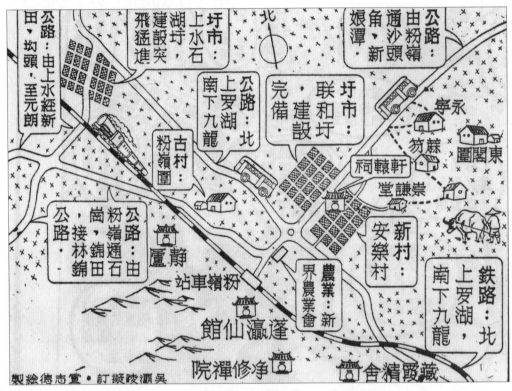

1950 年代《新界旅行手冊》"粉嶺區遊覽示意圖"，推介軒轅祖祠、蓬瀛仙館及藏霞精舍等祠觀。

　　本文從軒轅祖祠、藏霞精舍與蓬瀛仙館這三所 1920 年代建立的祠觀，概述 1920 至 1960 年代粉嶺的道教和民間宗教，追述早年香港道教源流以及馮其焯等尊崇三教人士的活動、介紹降於粉嶺的著名乩文。這從旅行家筆下的安樂村説起[6]。

"安居關勝地，樂業創新模" 的安樂村

　　安樂村約於 1915 年立村，是文人道侶聚集、富人建築別墅之區，是 20 世紀下葉聯和墟創立前的粉嶺地標。據安樂村村代表羅炳香、衛漢光立《修築安聯路公啟》銅碑文云："本村之建，以歷五十年春秋。"[7] 銅碑立於 1966 年，"本村之建，以歷五十年春秋" 可見此村約於 1915 年建立。安樂村是新興 "雜姓村"，包括李、鄧、馮諸姓氏，建有李園、本立園、鏡湖別墅、瑞勝書室等，其中軒轅祖祠更是遐邇聞名。佛、道人士在村內建成法園、尚志堂等。據《新界概覽》描述："安樂村是一條自成一村的住宅區，有點像新界普通所見的 '圍'，但不是 '圍' 的形式，裡邊有整齊的洋房，有一所安樂祠，是這村的大祠堂。"[8] 村口有 "安樂門" 門樓，據江山故人記述："所謂安樂村，不過港人慣呼之名吧。該村共有門四，北進，有鏡湖別墅、鰲園、瑞勝書室、三教總學會及軒轅祖祠等。都是面溪而立。鏡湖別墅…… 屋裡又多長聯。有扶乩所得之呂洞賓所書的 '靜觀自在' 四字。從前得謝正芳君的引導，獲游這裡，蒙鏡湖君遍導游覽，故悉其概"。[9] 此外，安樂村在交通上也甚便利。江山故人引禤泳栢〈安樂祠堂記〉記此村形勝："余觀夫斯村勝狀，在雙魚洞心，神山東崎，梧桐北來，鵝嶺鍾靈，鴉頭麗秀…… 北則徑通粵垣，南則直抵香江。鐵軌雲翔，汽車電逝。…… 誠僑居之勝概也。…… 禤泳栢撰書。"[10] "鐵軌雲翔，汽車電逝" 即指九廣鐵路通車、1912 年粉嶺通往沙頭角支線啟用（1928 年關閉）及 1917 年九龍至粉嶺的公路通行。

　　安樂村這塊土地的開墾發展與居業公司有關，"安居關勝地，樂業創新模" 這副對聯文字，從 "安居樂業" 作為村落和公司命名可見。江山故人引〈安樂祠堂記〉説明此祠緣起："民國甲子年（1924 年——筆者按）冬，馮鏡湖翁管理居業公司事，增葺廳堂舊判，顏為安樂祠。崇祀同人祿位。屬余作文以誌之。…… " 安樂祠位於安樂村西，"有 '安樂祠' 題額，為馮鏡湖所書。門聯云：'安居關勝地，樂業創新模'，祠裡附設粉嶺中英文學校。…… 祠之左壁，刻安樂祠小引。略説該村乃馮君等集資經營該村的。公司名居業，村名安樂等語，發起人共有十數。"[11]

　　所謂 "樂業創新模"，是指安樂村作為教育、農業多方面創新試點成了模範。這可從吳灞陵記述得到答案："有安樂祠，是這村的大祠堂。民國二十八年時，這裡做過兒童保育會，也由廣東婦女慰勞會伍智梅、梁少芝[12] 等辦過青年農藝院。"[13] 馮其焯（詳後）曾在粉嶺成立農學求新會："香港馮其焯，農學求新會成立粉嶺，開辦農廠。卓有成績，

譽為安樂村區內最大建築物 ——瑞勝書室。
（轉載自《新界粉嶺龍躍頭區鄉村聯會特刊》）

1930 年指示前往崇謙堂村碑石及 1934 年《大埔理民府告示》。

誠能審問要訣，學習新法，種植之敏捷，財用之豐收，豈可斗量。……"[14] 此會又名新界農業會，於 1931 年成立，"其目的在於協助政府開發新界農業"，會所位於粉嶺車站前約瑟樓會所。安樂村"新農學校"命名，即源於此會。1941 年以前，在政府贊助下，舉辦農產展覽會[15]。該會是"一個以學術為中心的農業機構"[16]，於 1959 年創辦《農報》，為半年刊。

安樂村也是教育場所與人文薈萃聚集的地方。如瑞勝書室，被描述為"本區最大建築物"[17]。1948 年組織聯和置業有限公司，聯和墟招股註冊寫字樓，設於安樂村瑞勝書樓。除安樂祠裡附設粉嶺中英文學校外，1959 年寶血會女修會創辦培靈學校，安樂村還有光夏書院[18]。正因如此，一些學者聚居或任教於此村，如羅香林教授於 1949 年舉家遷居粉嶺聯和墟，開始信奉基督，在粉嶺崇謙堂領洗，其女兒憶述："家居粉嶺之時，每天晚飯後，父親往往領著我們往安樂村散步、打羽毛球。……"[19] 1960 年代粉嶺鄉事委員會的會務報告提到："南有蓬瀛仙館之勝，安樂古橋之幽"，以寧靜幽雅描述此村，貼切不過。及後安樂村變為臨時工廠，俗稱"山寨廠"，1980 年代變成工業區[20]，昔日的別墅之區，已面目全非了。附帶一提，安樂村的歷史，較廣為人知的是 1920 年代末崇謙堂村因通路問題與安樂村起爭拗與衝突，1934 年政府向安樂村購地建成公路，事件始獲解決[21]。及後再有事端，樹碑石以告示鄉民。《大埔理民府告示》：

> 大埔理民府告示第十號
> 　　為布告事照得此路乃是安樂村入崇謙堂公路，所有牛隻，不准繫於該處，以免阻礙行人，毀壞道路。各宜凜遵勿違。切切此布。一九三四年三月八日理民府微家理[22]。（即理民官 T. Megarry——引者）

"鴻勳開漢族"：香港唯一的軒轅祖祠

軒轅祖祠位於粉嶺聯和墟對面，據說早於清末籌建，於 1925 年建成。華南地區鮮見黃帝祠，更顯得此祠的珍貴。1992 年傅圓天率領中國道教協會訪問香港道教聯合會，他致詞說："香港在清代便已有軒轅祖祠、天后宮、侯王廟等，現在道教在香港興旺發達。"[23] 道教尊黃帝為始祖[24]、老子為道祖，"黃老道"亦為歷代修真者所奉行。講述香港道教，鮮見提及軒轅祖祠，至今述之較詳的，是介紹粉嶺名勝的遊記，如旅行家江山故人著《本地風光》等書。

軒轅祖祠的建築格局，一列三楹。正中一楹，門上石刻"軒轅祖祠"，上款刻"乙丑"（1925 年），下款"柳宗元"（乩筆）[25]。祠貌宏偉寬敞，牆上嵌有《倡建軒轅祖祠碑記》，載明修祠的緣起[26]。正殿分為前後兩進，中為庭院，庭中有一圓形魚池。正門

道風山基督教叢林的創立者 ——艾香德牧師早年遊覽軒轅祖祠。

軒轅祖祠舊貌，現已改建成樓高七層的新式祠宇"黃帝祠"。（蕭國健提供）

聯刻著"鴻勛開漢族，燕翼擴民胞"大字，右楹門上刻"遠祖猶懷"，左楹刻"三教總學會"。後殿設有軒轅帝座，為"天地感化軒轅太始祖神位"，神龕莊嚴，有一高逾 10 呎的黃帝像，像前立有木刻神位。軒轅祖祠正樑上懸巨幅牌匾，上書"肇造區夏"四個大字；前樑亦懸木匾書"聚國族於斯"五個大字，由伍醒遲、鄧伯裘等新界鄉紳於 1927 年題獻。帝座右邊為三教殿，左邊為列聖殿，奉祀鍾離祖、關帝、呂祖、齊天大聖、諸天眾聖、護祠福聖等神位[27]。祠內有多副對聯，如 1927 年由唐朝歐陽詢降撰、范侶球撰書："祠開粉嶺，澤衍雲臺，竭七載之經營，…… 道紹崆峒，德涵中夏，立萬方之煙祀，……"[28] 陳伯陶為軒轅祖祠落成撰書、靜慧堂同人敬送[29]："軒轅祖祠落成恭頌集《史記》《列子》語。邑涿鹿之阿，迎日推英（應為筴——引者）；居大庭之館，齋心服形。"[30]

軒轅祖祠原為安樂村各姓鄉民祭祀與議事的公祠[31]，是居民處理公共事務的場所，也是該區旅遊名勝地。例如 1958 年 11 月馮氏宗親會前往大埔、粉嶺旅行，"到蓬瀛仙館歡宴，餐畢往軒轅祖祠參觀，繼由當地宗親每人贈送農產品。"[32] 款待宗親會者即為馮其焯。建築物曾被用作新農學校的校舍，後來學校停辦[33]。1980 年代後期軒轅祖祠漸荒廢，安樂村民居改建成工廠。曾有要求將其列為古蹟以保護，可惜及後仍被拆卸，如今只成雪泥鴻爪。近年重建，改建成樓高七層的新式祠宇"黃帝祠"，2003 年 3 月舉行平頂禮，將發展成"華南地區最具規模的黃帝祠"[34]，但從外觀上來說，想像不到是一間祠廟。

軒轅祖祠創立的時代及其骨幹成員——以馮其焯為例

軒轅祖祠的創建，可從清末民初尊崇孔教活動談起。在西化思潮衝擊下，1920 年前後維護傳統文化者同時尊孔和崇道，粵、港、澳道德會是一個明顯的例子。如 1924 年成立香港道德會福慶堂的黃梓林，亦參與抱道堂（崇祀呂祖等神祇）的創立[35]。福慶堂及其支洞善慶洞，即分別奉祀孔子和玉皇大帝。1957 年，台灣更有新興教派"軒轅教"成立，可追源清末以來康有為的孔教運動[36]。一些晚清知識份子，用黃帝作為國族認同的標誌，作為祖源符號[37]。軒轅黃帝在 20 世紀初，成了中華民族的"共同祖先"，也有奉為中國宗教的"教祖"、"中華人文始祖"[38]。軒轅祖祠成立於 1920 年代，還要從當時香港社會風氣和環境去瞭解。黃繼持指出："20 年代的香港社會仍是相當保守，……香港自太平天國開始至中華民國前後，一直都是收留遺民、流亡份子的地方，香港有相當濃厚的保守成份"。鄭樹森以"當時港英政府也支持'尊孔'，'孔誕'仍是放公眾假期的"為例，如"港督金文泰大力支持中國舊傳統與古文"，說明港英政府"盡量避免

《國粹雜誌》第一期及發刊詞前即附"軒轅黃帝聖像"。

蓬瀛仙館道侶往"師傅山"秋祭,圖為眾道侶在創館者麥星階、梁綺湄基前獻祭。(攝於 2005 年)

與當地保守建制裡支持的文化力量、文化過程有任何矛盾的地方"[39]。香港尊孔團體，其中以創立於宣統元年（1909）的孔聖會為最先，由劉鑄伯等倡辦，這是香港設有尊孔團體的開始。1921年旗昌洋行買辦馮其焯等在灣仔創立中華聖教總會，印行《樂天報》，報刊由香港三教總學會與中華聖教總會編著，可見兩個團體的關聯[40]；每月二期，由前皇仁書院退休漢文教員李不懈、陳冠于等主編。農曆八月廿七日孔聖誕，孔聖會與中華聖教總會分別在太平戲院與灣仔大戲院祭聖[41]。及後孔聖堂、孔教學院創立[42]。

軒轅祖祠的緣起，可說是三教總學會的推動而成。而此學會的核心骨幹是國粹雜誌社主任馮其焯、主持三教總學會學務兼編輯的何廷璋，擔任國粹雜誌社司庫的曾富[43]，他們皆敬奉孔子、道教人士，組成者有商人、文人、教師。曾富是清末歸僑，蒲崗"曾富花園"，建在黃大仙祠側[44]。三教總學會創辦，並於1922年創刊《國粹雜誌》。何廷璋在〈軒轅黃帝之治績〉一文說明學會為何建立軒轅祖祠："然則三教學會同人之提倡立廟以崇祀這，不亦宜乎？今者寢廟將成矣……與談太祖之軼事，瞻太祖之坊型，有不手之舞之足之蹈之者乎？"[45]江山故人曾以"怎麼有斯祠之建"詢問，該祠張觀祖答道："我們三教總學會，追念軒轅黃帝為我漢族之鼻祖。踰崑崙，涉流沙，製文學、造衣服，建宮室，厥功甚偉，眼見世人很少祀他的。我們抱表先人之功勳的旨趣，和提撕我民族所精神。則斯祠之設，有不可容緩的啊。"[46]何廷璋（綺梅，道號昌達，乾貞子）是東莞人，"乃前清貢生，為現代教育先進之巨子"，曾任教香港女師範，"素在香港辦學，主任漢文詞"，著述甚豐，曾輯《飛霞洞誌》、《渡人舟》，著《天人秘錄》、《三教同宗》等書[47]。何氏服膺先天道，是清遠飛霞洞主麥長天弟子，而麥氏是民初先天道"大展拳腳"的關鍵人物。1928年麥氏遊香港，何氏"辭退教職，歸養山林"，1929年"設一小道室於官涌，取名竹隱"[48]。何廷璋創立軒轅祖祠，筆者推斷與飛霞洞乃是"軒轅少子藏修之舊蹟"有關。飛霞洞後山上建有軒轅黃帝祠，傳說黃帝二子仲陽、大禹來到峽山居住[49]。

軒轅祖祠、三教總學會、嗇色園和孔教團體的創建，都是一班熱衷於延續和弘揚傳統文化的人物的參與和推動。馮其焯是其中表表者。馮其焯（生年不詳-1953），番禺人，曾任孔教學院主席；旅港番禺會所永遠名譽會長及第九屆主席[50]，日軍侵港，馮氏協助邑僑歸鄉與展開救濟[51]；馮氏也是聯和墟發起人及董事[52]。1951年聯和墟開幕禮上彭富華說："由本人徵得李仲莊、彭樂三兩位先生負起領導籌備責任，又得馮其焯先生、鄧勳臣先生、劉維香先生數位有力者支持。"[53]馮氏除了創立中華聖教總會和三教總學會之外，他亦熱心參與嗇色園等道堂組織。約於1910年成立的普善堂，奉祀呂祖、玉帝諸位仙神，馮其焯於1930年曾任第一屆理事長[54]。馮氏曾任職嗇色園董事會，道號活覺，1921-1923年任三屆副總理，1933、1934、1948年任值理、協理等職[55]，1934年捐銀建盂香亭。值得注意者，馮氏深信扶乩，從他的例子可見20世紀上葉扶乩與香港早年道教關係密切。1943 年馮氏因呂祖乩示，及後著成《學庸淺解》一書[56]。《國粹雜誌》發刊詞前即附"軒轅黃帝聖像"和贊序："黃帝者，開闢中國之元祖也。……同人等組織《國粹雜誌》，重提三教，首紀軒轅。使知中國之粹，三教相沿。中國之疆，黃帝肇造。……因於篇首電撮乩像，以志景仰。"[57]

降於粉嶺三教總學會的乩文：《諸葛武侯百年乩文》

香港道堂創立於清末民初，保存了前朝的形式，如港澳道觀仍有採用扶乩以降神示的形式，大陸道教科儀形式則限於傳統的念誦、唱贊等種類[58]。扶乩是道教一種降神或通達神明的方法，仙佛通過乩手以文字向信眾傳達訊息，以達到神人相通的目的。神至，乩筆自動在沙盤上寫字，由旁邊的人記錄下來，這就是神靈的啟示。扶乩又叫扶鸞，大概是喻意神仙駕風乘鸞，從天而降，如嗇色園內建有飛鸞台，作為黃大仙休憩靜室，亦曾是該園道侶扶乩問事之所。扶乩是香港道堂主要活動之一，對道堂的創建、命名和早期發展起了指導作用。以嗇色園早年扶乩為例，1921 年其創辦人得到黃大仙的乩示，選定並規劃竹園村現址，玉帝乩賜"普宜壇"三字，以為道門立壇之號，並蒙文昌帝君乩書"嗇色園"三字，又蒙呂祖乩書"赤松黃仙祠"。嗇色園現仍有乩書寫成的文字，見於大殿、飛鸞台及照壁。而蓬瀛仙館後山明台於 1967 年落成，明台內四周上角壁間，仍可見有呂祖乩詩四首。

香港流傳至今、早年降示的一篇乩文稱為《諸葛武侯百年乩文》（篇名後來加上）。乩語多涉預測時局，於 1933 年 12 月 12、13 日在三教總學會寫成，乩文曾發表於 1933 年 12 月 15 日《香港工商日報》，標題為"新界粉嶺孔明下降之乩語"。原文前加一段按語："乩語本為無稽之談，惟迷信者□□之以卜咎，昨有某商由新界粉嶺某修道之所，抄來最近世界預言乩語一則。據謂降乩者，為諸葛孔明云云。……"

乩文如下：

天數茫茫不可知。鸞台暫說各生知。世界干戈終爆發。鼠尾牛頭發現時[59]。
此次戰禍非小可。鳶飛魚躍也愁眉。天下生靈西復東。可憐遍地是哀鴻。
刀填溝壑無人拾。血染山川滿地紅。天下重武不重文。那怪環球亂紛紛。
人我太陽爭北土。美人東渡海波生。十四一心人發奮。水去西方啟戰爭。
晉有出頭寧坐視。中央生草不堪耘。切齒仇讐今始復。堅固金城一旦傾。
除非攜手馬先生。馬騰四海似蘇秦。游說辯才世罕有。掉他三寸舌風生。
得與聯軍說事因。東人首肯易調停。青天白日由西落。五星旗幟向東生。
二蔣相爭一蔣傷。兩陳相遇一陳亡。東土不如西土樂。五羊風雨見悲傷。

水巷仍須是樂邦[60]。諸生不用走茫茫。錢財散盡猶小事。性命安全謝上蒼。
今宵略說言和語。留與明宵說短長[61]。

紅日落完白日落。五星燦爛文明國。中山傾頹草木殃。豺狼虎豹同一鑊。
兩重火土甚光明。士農工商皆有作。木子楊花真武興。小小天罡何足論。
強反弱兮弱反強。王氣金陵黯然盡。故都陝北聚英華。文物衣冠頭尚白。
氣運南方出豪傑。克定中原謀統一。佳人絕色自西來。弄權竊國氣驕溢。
狐兔成群功狗烹。倒亂君臣誰與匹。太陽沉去霧雲收。萬國低頭拜彌勒。
治亂循環有定時。根樹生枝惟四七。聖人星出現南方。紀念化為公正堂。
西南獨立曇花現。飛虎潛龍勢莫當。聯軍東指同壹氣。劍仙俠士有奇秘。
水能剋火火無功。炮火飛機何處避。此是陰陽造化機。意土發明成絕技。
稱雄東土日已終。物歸原主非奇事。此時國恥一齊消。
四海昇平多吉兆。異術殺人不用刀。偃武修文日月高。三教聖人同住世。
群魔妖怪豈能逃。可嘆草頭燒不盡。野外春風吹又生。官中仗劍除奸佞。
白頭變作赤頭人。田間再出華盛頓。造福人群是真命。此人原是紫微星。
定國安民功德盛。執中守一定乾坤。巍巍蕩蕩希堯舜。百年世事不勝悲。
誠恐諸君不及見。好修因果待來生。將相公侯前世善。或是星辰下界來。
或是神仙搖一變。或是前生因果大。當然轉世功名顯。山人復對諸君談。
續上前文同一線。千年萬載事悠悠。縱使神仙難預算。略將一二說君知。
酬答諸君還了願。山人告別返山川。來年再會諸君面。諸君各自顧前程。
好向靈山勤修煉[62]。

　　《香港工商日報》載“新界粉嶺某修道之所”，實為安樂村的三教總學會。研究易學
與佛學的馮公夏[63]當年也在場，謂此乃菩薩偶作示現，遊戲人間。不少專欄作家撰文
卻“以訛傳訛”，謂這篇乩文降於粉嶺，想當然是蓬瀛仙館，以此“蓬瀛仙館扶乩詩”
稱為“香江迷你扶乩推背圖”；甚至誤認為是圓玄學院開幕時在粉嶺所作的乩示。早於
1951年吳灞陵在《華僑日報》以〈十八年前的預言〉為題，予以收錄，說得清楚明白：
“新界粉嶺三教學會，為世界大周扶乩”[64]。乩文由1934年算起共100年。這篇乩文雖
已降示逾70年，有認為不可信，但每隔一段時間，報刊引用以大做文章。前文提到“軒
轅祖祠”匾聯出自乩筆，安樂村內鏡湖別墅也有呂祖“靜觀自在”四字乩文，可見環繞
軒轅祖祠的文人甚好此道。

"藏神聚氣，霞蔚雲蒸" 的藏霞精舍與先天道在港傳播

主持三教總學會學務兼《國粹雜誌》編輯的何廷璋，他是清遠飛霞洞主麥長天弟子；《國粹雜誌》義務撰述人是田邵邨（1861- 卒年不詳）[65]，雜誌在廣州的分發行所是文在茲書局，此善書局由先天道談德元創立[66]。可見《國粹雜誌》班底與先天道甚有淵源。要談香港早期道教的傳揚，特別是全真派道觀於 20 世紀下半葉興起之前，不可不述先天道。就道脈而言，先天道的道堂脈絡清晰並源遠流長；在道堂數量上，清末至 1940 年代屬先天道道派者也佔泰半；早期辦學、安老等慈善公益，如創立先天道安老院，福慶堂、龍慶堂致力於贈醫施藥、創辦義學識字班[67]。而藏霞精舍內文物甚豐，並保留陳伯陶、朱汝珍、張學華等先賢墨蹟。

一、粉嶺有公共屋邨名曰祥華邨，因其所在早年建有藏霞精舍，用"藏霞"二字諧音"祥華"為新邨名[68]。藏霞精舍創辦於 1920 年，位於黃崗山，創辦人朱翰亭（別號廣霞）。朱翰亭是廣東清遠藏霞洞創立人林法善再傳弟子，建於同治二年（1863）的藏霞洞，由林法善創洞。香港先天道派出自嶺南道脈，道堂多源自清遠藏霞洞、飛霞洞或南海紫洞善慶堂，而以藏霞洞為最先之祖洞。嗣後半個多世紀，先天道在廣東及海外各處創建百餘支洞道堂，其中藏霞精舍、萬佛堂、桃源洞、尚志堂、紫霞園、永勝堂等 14 所道堂，均以藏霞洞為祖洞[69]。"現今遍佈港澳與海外各地之乾坤道侶，十九出自嶺南道脈，蓋可謂源遠而流長矣"[70]。

二、精舍綠瓦灰牆，樓高兩層，兩進四合，屬典型的嶺南居室建構。由於精舍屬齋堂性質，道眾以靜修為主，因此在屋前的大院外，裝置了鐵欄柵門，平日並不開放。大門書對聯曰"藏神聚氣霞蔚雲蒸"，門楣之上，有朱紅金漆的匾額，刻題著朱汝珍太史題"藏霞精舍"四字，外觀古樸，不失莊嚴。進門即為檐下通廊，樓高數十尺，左右兩壁滿掛長聯，均為當年精舍開幕時，廣東各地先天道堂及善堂所贈[71]，氣勢非凡。通天的院落，抬頭仰視，可見二層迴廊之上有張學華題字匾額"洞天福地"，對精舍是極為恰當的形容。院內四面環迴著兩層建築，正廳崇祀七聖：觀音、呂祖、文昌帝君、關帝、北帝、黃龍真人及主壇真人，兩側偏廳作接待賓客之用，上層主殿供奉三教始創者老子、釋迦牟尼以及孔子[72]。藏霞精舍較少人注意者，三聖神像右邊神桌上，供奉太歲、灶君與"三田和合樟柳榆仙"神位。樟柳榆三田祖師，其實是藏霞祖洞的主神[73]。

三、先賢墨蹟——朱汝珍與朱翰亭份屬同鄉，1920 年朱翰亭在香港創建藏霞精舍，朱太史題"藏霞精舍"匾額，及"藏神聚氣，霞蔚雲蒸"對聯。各地道堂送贈的楹聯，其一聯曰："藏紫氣，接廬山，清遠遺風，五十餘年，仰望前人跋跋艱難，藉賴平心留裕後；霞庚星，朝粉嶺，新安組織，千萬億眾，同欽後果維持統緒，永垂道脈繼光前"，由永安堂等 18 間道堂敬賀。據《藏霞精舍落成誌慶》記載說："粉嶺結玄窩陡成福地，

高處俯瞰的藏霞精舍，古樸清幽，出塵脫俗。

"藏霞精舍"匾額，及"藏神聚氣，霞蔚雲蒸"對聯。

藏霞精舍主殿前庭園，"洞天福地"這塊匾額，對精舍形容恰如其分。

藏霞精舍上層三教聖神殿前香爐，1920 年敬奉至今。

1920 年《藏霞精舍落成誌慶》書法屏風。

藏霞分法派遠接先天，藏霞精舍落成誌慶……我朱翰亭師八垢皆空，六通妙得……名仿藏霞，派宗法善，牓曰精舍，法祖慧能。……頌曰：脫凡入聖到藏霞，急早來求是居家；撥開名利牽纏網，一置向前便龍華。"題張善豪、趙善恆等敬頌，1920年陳濟寰書[74]。"派宗法善"即道出此堂由林法善衍派下來。1922年朱翰亭老師"八秩開一榮壽大慶時"，藏霞精舍重修，正廳掛祝壽書法屏風十二開。1927年擴建"長壽亭"，陳伯陶書額並題聯曰"長留元氣春二月，慶祝仁人百歲週"，亭現已拆去。

四、藏霞精舍迄今已歷三位住持：朱翰亭、徐昌慧、徐耀基（1944年起任住持至今）。戰前藏霞精舍佔地寬廣，道侶多達數十人，精舍前後均有耕地，耕丁20多人，自給自足，淪陷時曾接濟飢民[75]。隨著香港的社會發展，粉嶺一帶亦人口日增，藏霞精舍原先的大部分土地已被政府徵用發展，精舍四周仍保留大面積的綠化草地，這一大片的綠化園地命名為"粉嶺康樂公園"。公園門樓橫額題"藏霞精舍拱辰門"，聯曰"拱翊先天氣，辰星大道光"，建於1971年。

五、近年藏霞精舍、桃源洞等堂的道長往清遠參拜其祖庭，支持重建殿堂，組織經生赴祖庭做盂蘭。據《藏霞集》載："本洞年例功德，自夏冬兩季道場，以及中元勝會，施幽超渡，普救眾生。其陸幽設於本觀階前，而水幽則前傍澗流，臨江而祭。"[76]百多年後的今天，藏霞弟子仍在北江江邊放水幽以超渡孤魂。藏霞洞不僅是粵港先天道的源頭，也是先天道發展的縮影。粵港先天道100多年的傳承，經歷了草創，進而發揚光大，繼而凋零，再而恢復的轉折過程。

除了藏霞精舍，粉嶺地區還有多所藏霞洞一脈的道堂，包括位於安樂村的尚志堂、聯和墟內的同仁堂、位於粉嶺樓的竹林精舍、蕉笏村紫竹林、高埔北村葆真堂等。其中尚志堂還保留藏霞洞習俗傳統："投主緣"，於每年地藏王寶誕舉行。此外，1920至1930年代不少紳士道侶選擇粉嶺建別墅、道堂，但也有曲折的例子。香港道德會於西環創建後，計劃在新界擇地建支會。1935年《香港道德會屯門支會碑記》："民國二十年拓支會於新界，始胥宇於粉嶺，鄉眾阻撓。繼擇地於屯門"[77]，後來建成善慶洞。

"蓬島別塵寰自有山林趣，瀛洲遺俗世而無車馬喧"：
蓬瀛仙館與全真龍門派的南來香江

蓬瀛仙館內有很多楹聯佳作，"蓬島別塵寰自有山林趣，瀛洲遺俗世而無車馬喧"[78]這些文字，像訴說著粉嶺由寧靜之鄉蛻變而成繁囂的新市鎮。1960年代粉嶺鄉事委員會的會務報告這樣描述蓬瀛仙館："粉嶺是香港的世外桃源，粉嶺的桃源是蓬瀛仙館，……蓬瀛仙館居於粉嶺百福村與田心村中間，俯瞰整個粉嶺盆地，……置身其中，真如處身桃花源。"[79]因其地勢，俯瞰整個粉嶺盆地，可作為粉嶺面貌變遷的地標。1965

1950 年代蓬瀛仙館，與今天規模相比，當時可說仍是「草創階段」。

古木參天的蓬瀛仙館山門仍懸舊聯：「蓬山日暖花長好，瀛海春深鶴未歸」。由呂燦銘先生題書。（轉載自《香港勝景》，1965 年 5 月 10 日，頁 4）

1950 年代蓬瀛仙館正門，民國廿三年（1934）題字，現已改建。

年吳灞陵以"萬松嶺下有蓬瀛"為題對仙館的園林風光作了詳述：

> 新界大陸有兩個宗教大花園，一南一北，南邊的是荃灣的圓玄學院，北邊
> 的是粉嶺的蓬瀛仙館。……蓬瀛仙館在粉嶺的萬松嶺上，火車路邊。萬松嶺是
> 畫眉山北走的餘脈，……（蓬瀛仙館的山門）門額『蓬瀛仙館』是呂燦銘先生
> 寫的，呂氏有文名，能書善畫，寫的是『蘇體』。門聯也是他的，寫著：『蓬
> 山日暖花長好，瀛海春深鶴未歸』。……從大殿旁邊右邊上去後山，門額題『別
> 有洞天』，上去一個大花園，……再進，在萬紫千紅裡，一座六角涼亭居於中央。
> 左方稍下，是方形的『積厚亭』，有桂南屏太史的對聯。遊人就分散在這個大
> 花園裡玩，比在兵頭花園裡還舒服。……[80]

蓬瀛仙館是香港早期創建道觀之一，由廣州三元宮住持麥星階開山建館，故其道
脈屬於龍門派。道教宗派各有其系譜，作為每代道教徒輩份排名。簪冠授牒，由館長
代祖師將道冠戴於新皈依者頂上，將度牒授與，即入道證書，接度牒後向祖師拜領，
成為正式弟子[81]。據 1962 年一份度牒："蓬瀛仙館嗣龍門派度牒給付第幾傳弟子某
某"，師父為麥星階。同屬全真龍門派的青松觀，1986 年與蓬瀛仙館合辦法會，出版特
刊介紹其道脈源流寫道："道之教化，始於四千六百八十三年前軒轅黃帝時代，…… 傳
《陰符經》及《內經》訓護萬民"，"全真道乃北宗王重陽祖師所創，…… 成道於宋金之
際"，王重陽授馬丹陽、邱處機等人為北七真，邱處機開"龍門派"，而兩所道觀"同隸
呂祖道脈北宗"[82]。

蓬瀛仙館首任主持（任期為 1929-1932）為麥星階，何近愚是第二任主持（1932-
1936）。據《創建粉嶺蓬瀛仙館記》（1937）載："自修龍門正宗道人何近愚、陳鸞楷與三
元宮主持麥星階同遊香港，訪粉嶺安樂村本立園主人李道明少住勾留，遙見崇山疊翠，
環繞萬松，…… 因發起創修龍門正宗道院之議，…… 湊集巨資，向道友馮耀卿戚友讓
得雙魚洞山麓，建築道院，取名蓬瀛仙館"，當年何、陳、麥、李皆為其中四位創辦道
董[83]。蓬瀛仙館早年道侶，有來自商、軍、政等各界人士，而創辦捐助蓬瀛仙館道董之
一張學華（1863-1951）則是前清翰林。據江山故人記述，1920 年代末往粉嶺旅遊，與
當年 75 歲的麥星階道長傾談。麥道長說："前曾任持越秀山麓的三元宮，歷時很久。去
年因友人之邀，始來港擇地，且含道侶凡三十餘人，集資建此蓬瀛仙館"。麥道長帶他
到樓上參觀，間了八間房子，說道："這是給一般道侶到來養靜的，他們早就認去了。"
江山故人加了一段按語："近年以來，國人之避居港地的，有加無已。而一般落伍政客或
知名之士，替本港山水點綴的，也屬不少。蓬瀛仙館亦其中之一吧。"[84]辛亥革命後移
居香港的前清翰林和宿儒，如賴際熙、陳伯陶、岑光樾、區大典、張學華、朱汝珍等，

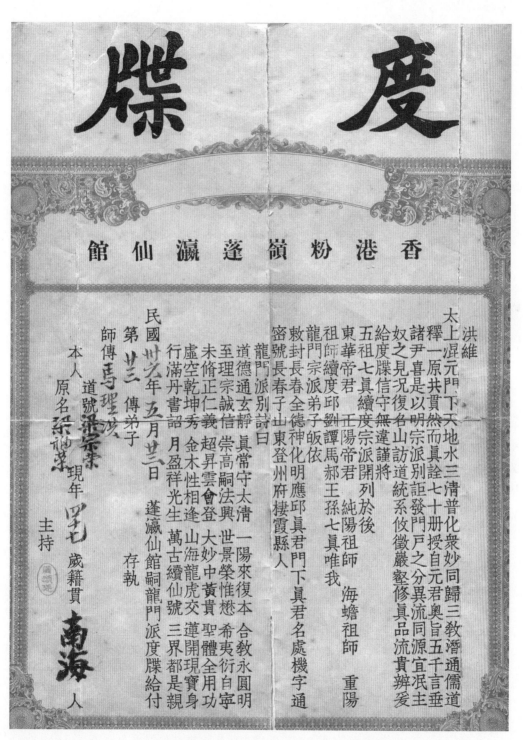

蓬瀛仙館早年一份度牒，從度牒可見龍門派百字詩。度牒頒與梁宗榮道長，"宗"字派是香港蓬瀛仙館的第一代道長。

多原籍廣東，陳伯陶與翰林院中人張學華、吳道鎔、桂坫等合稱“嶺南九老”。陳伯陶、張學華兩人尤其潛心道教，他們的道脈傳承自羅浮山酥醪觀一系[85]。據 1977 年 4 月《華僑日報》對蓬瀛仙館創館沿革及其道侶組成，記之甚詳：

> （1928 年）廣州江防司令何近愚，江防艦長蘇壽祺，廣東廣西花尾大渡總辦蘇耀宸，公安局、孤兒院、嶺南學校、懲教場等大機構之伙食供應部主任王達堂，廣州一德路著名海味經理梁綺湄，一德路海味發行業同業公會理事長謝緝文，（現為該館理事）等六位善信，經常聯翩來港，下榻於粉嶺安樂村李道明家中。七人志同道合，發覺仙館現址山明水秀，合議興建淨室，以為他日退休淨養，後合數人之財力，由李道明向理民府請購地萬餘呎，興建大殿與東齋，一九二九年落成，供奉邱長春，……當時塑像，金腸銀臟、石鑽身、珍珠膽，栩栩如生。太上老君、呂純陽祖師，祇以神相供奉，坭塑真像，迫為近廿年間事矣。仙館未建之前，百福村有三元宮，香火鼎盛，但年久失修。主持人名麥星階，他加入仙館後，法號宗階。……

蓬瀛仙館“建館初期，房舍零落，設備簡樸”，自向政府領得後山地段，1950 年代開始增闢園林，1952 年建樂善亭，1953 年建積厚亭，1965 年建從福亭，1966 年籌建明台。籌建過程中，明台工程曾遭理民府制止，後經粉嶺鄉事委員會奔走交涉，才順利施工完成。其理由是“蓬瀛仙館的建設全部是美化粉嶺風景，除使粉嶺鄉人受益外，並使全港九郊遊人士獲得實益”[86]。舊殿名為“玉清寶殿”，供奉太上道祖、呂祖、邱祖，1980 年擴建三聖大殿，名曰“兜率宮”[87]。因多次重建，館內保留戰前的建築器物為數不多，如 1934 年由弟子馮宗修、駱宗勝敬送，廣州永盛泰鑄的鐘，仍放置大殿內[88]。

道教團體在地區上建立名聲和發展基礎，除弘揚道教文化外，還有賴於致力地方慈善事業。蓬瀛仙館創辦首 20 年參與社會事務不多，1949 年在華民政務司署登記為道教社團，主持改稱館長，翌年採用理監事選舉制度。此後開展施衣、贈藥等慈善工作。例如 1957 年感冒嚴重，蓬瀛仙館與粉嶺鄉事委員會合辦夏令贈醫贈藥，仙館負責 3 個月，鄉委會負責一個月。1967 年，粉嶺區鄉事委員會與診療所興建，蓬瀛仙館捐款支持，藏霞精舍、馮其焯也有出資[89]。其中蓬瀛仙館與粉嶺區鄉事委員會、粉嶺福利基金聯會、天德聖教五堂等，更是粉嶺區鄉診療所董事會創辦捐款七個團體之一[90]。1972 年蓬瀛仙館獲准註冊為有限公司，館務逐漸擴大，1985 年常設中藥部在館內，西醫則於粉嶺聯和墟。近年則以流動中醫醫療車，服務大埔及北區鄉郊[91]。

科儀方面，1986 年蓬瀛仙館與青松觀借用粉嶺火車站前曠地，蓋搭“道教全真法會”會場，啟建九晝連宵“羅天金籙太平大清醮”[92]。自 1980 年代中期以來，香港與

蓬瀛仙館於 1950 年樹立之碑記。

1957 年，蓬瀛仙館與粉嶺鄉事委員會合辦夏令贈醫贈藥。

1969 年，蓬瀛仙館創館 40 周年紀慶，舉辦 "啟建息災拔幽法會"。（曾忠南道長提供）

2001 年，太上道祖誕賀誕科儀的情形。

蓬瀛仙館主殿"兜率宮"，昔日修道靜室，今天已發展為弘道行善團體，也成了北區旅遊景點。

中國內地的道教團體往來頻繁。被稱為"全真派三大祖庭"之一北京白雲觀，1992 年蓬瀛仙館與之締結為"同源友好宮觀"，據一篇報道說："北京白雲觀是全真龍門祖庭，香港蓬瀛仙館是全真龍門派南傳到香港地區的龍門道觀之一，雙方同根同源。"[93] 1980 年中期以來，香港道教界捐助修建國內道觀，尤以廣東道觀為顯著，中港道教團體建立了緊密的關係。因與三元宮淵源，蓬瀛仙館聯同其他宮觀及善信捐助修建三元宮[94]。踏入 1990 年代，中港道教界進而經常合辦醮會，1992 年三元宮與蓬瀛仙館為捐資助教（育），在廣州三元宮舉辦三天"祈求世界和平暨消災解厄萬緣勝會"。此外，香港宮觀亦支持東南亞、澳門等地區的道教活動。如新加坡道教協會於 1996 年農曆二月十五日舉辦道教節，青松觀與蓬瀛仙館亦前往參與道教科儀法會、道教音樂演奏等活動。

結語

黃帝與老子同為道教團體尊崇，就粉嶺地區來說，分別奉祀於軒轅祖祠和蓬瀛仙館（老子奉祀於藏霞精舍上層主殿）。香港道教聯合會設奉老子大殿，聯曰："學紹軒轅禮傳孔聖，經遺涵谷教始中華"。香港的軒轅祖祠經重建後，於 2005 年重新對外開放，據報道通過黃帝祠舉辦展覽、講座、提供各姓氏起源資料等活動，成為集祭祀、文化、旅遊等功能的中心，以嶄新面貌再展現眼前。藏霞精舍與蓬瀛仙館發展迥然不同，代表香港道教兩種形態。前者保持 80 年前舊模樣，仍是清修福地；後者除贈醫施藥外，還捐建希望學校、成立"香港道樂團"和"道教文化資料庫"；近年更屢創新猷，與香港寬頻合作推出道教電視頻道。香港道堂經過多年傳揚，既維持其對道教統緒的延續，也有它的開展和創新。香港道堂不僅是早年道侶靜室或郊遊名勝，還濟世利人，著重社會服務與教育工作。

〔1〕有關清末以來黃大仙信仰在廣東和香港地區的傳播，詳見危丁明、鍾潔雄撰寫，游子安主編，《香江顯迹——嗇色園歷史與黃大仙信仰》，香港：嗇色園，2006 年。

〔2〕鄭寶鴻編著，《新界街道百年》，香港：三聯，2002 年，頁 68。

〔3〕見乾隆廿四年《重修龍溪廟碑》；科大衛等編《香港碑銘彙編》，香港市政局，1986 年，頁 36-40。

〔4〕《新界旅行手冊》，港九業餘旅遊社印行，頁 8-9。

〔5〕《新界概覽》，李祈、經緯編輯，新界出版社，1954 年，頁 68。

〔6〕本文寫成，多位朋友提供資料、圖片和意見，包括粉嶺鄉事委員會、蓬瀛仙館道教文化資料庫、普善堂、梁德華道長、曾忠南道長、蕭國健教授、志賀市子博士、陳永海兄、陳溢晃兄、陳漢林先生、麥錦恆先生，謹此致謝。

〔7〕銅碑嵌於安樂村安聯路瑞勝書室外壁上，詳參蕭國健、沈思合編《香港華文碑刻集 新界編（一）》，顯朝書室，1993 年，頁 21-22。

〔8〕《新界概覽》，頁 69。

〔9〕《本地風光》第 41 則"安樂村（上）"，1930 年 6 月 30 日。

〔10〕〈安樂祠堂記〉一文，刻於軒轅祖祠右壁，引自《本地風光》第 41、42 則"安樂村（中）（下）"，1930 年 7 月 1 日、7 月 2 日。

〔11〕《本地風光》第 41、42 則"安樂村（中）（下）"，1930 年 7 月 1 日、7 月 2 日。

〔12〕梁少芝為陳策將軍夫人，歷任戰時青年農藝學院董事長、婦女慰勞會委員。港澳婦運會於 1946 年復員，梁女士為主任委員。詳參區少軒等編《香港華僑團體總覽》，1947 年，缺頁數。

〔13〕吳灞陵《香港九龍新界旅行手冊》，1952 年訂正三版，華僑日報出版部，頁 60。

〔14〕何廷璋〈種植經濟論〉，《飛霞洞誌》上集卷 2，1931 年出版，頁 87。

〔15〕〈發刊辭〉及〈徵求會員小啟〉，《農報》，1959 年創刊號，頁 1 及 36。

〔16〕《新界概覽》，頁 150。

〔17〕《新界粉嶺龍躍頭區鄉村聯會特刊》，1974 年。

〔18〕〈私立中小學校〉，《香港概覽》，香港：香港概覽出版社，1951 年，頁 61。

〔19〕羅敬之著《羅香林先生年譜》，臺北：國立編譯館，1995 年，頁 66-70、210。

〔20〕1980 年代安樂村變成工業區，不少自 1940 年代已住下來的居民，遷至同區的高樓。見 Nicole Constable, *Christian Souls and Chinese Spirits: A Hakka Community in Hong Kong*, University of California Press, 1994, p.78。

〔21〕詳參 *Christian Souls and Chinese Spirits: A Hakka Community in Hong Kong*, 頁 56-58。

〔22〕科大衛等編《香港碑銘彙編》，頁 521。

〔23〕《道心》第 16 期，香港道教聯合會 1993 年出版，頁 14。

〔24〕任法融注《黃帝陰符經釋義》"概論：道家始祖——黃帝"，蓬瀛仙館，2000 年，頁 3-4。道曆用六十甲子紀年，由黃帝紀元年（公元前 2697 年）開始，逐年遞推，例如公元 2003 年是道曆 4700 年。

〔25〕春華編，《香港名勝古蹟與掌故》，頁 93-94。有以為"柳宗元親筆的法書"，此實出自降乩筆。見柳存仁著〈香港對東西文化認識要佔的地位〉，「中國文化的檢討與前瞻研討會」論文，香港中文大學新亞書院主辦，1999 年 7 月。

〔26〕《倡建軒轅祖祠碑記》惜未見著錄，筆者仍在追尋。

〔27〕〈粉嶺風光〉，《新界工商年鑑》，1970 年，頁 23。

〔28〕祠內牌匾對聯，可參考《香港碑銘彙編》，頁 801、853。

〔29〕1920 年藏霞精舍落成，由朱汝珍題"藏霞精舍"匾額，亦由靜慧堂眾等敬送。

〔30〕《香港碑銘彙編》，頁 853。頌辭語出《史記》〈五帝本紀〉及《列子》〈黃帝〉第二。

〔31〕普善堂（詳見下文）其中一位葉姓弟子，其神主牌位即奉祀在軒轅祖祠，現存於香港文化博物館。

〔32〕《香港馮氏宗親會會刊》，1960 年。

〔33〕香港教育資料中心編《香港教育手冊》仍有收錄新農學校的資料，香港：商務印書館，1988 年，頁 436。

〔34〕《文匯報》2003 年 3 月 9 日，及《大公報》2003 年 3 月 4 日。

〔35〕黃梓林兒子黃允畋，既任嗇色園主席，亦歷任孔教學院主席，篤信三教。

〔36〕詳參宋光宇〈軒轅華胄是天驕——試論民國以來的黃帝信仰與軒轅教〉，刊於《歷史月刊》1999 年 3 月號。

〔37〕詳參沈松橋〈我以我血薦軒轅──黃帝神話與國族建構〉,《台灣社會研究》第 28 期,1997 年 12 月。

〔38〕1990 年代初《香港年鑑》"社團名錄"載:九龍佐敦有"軒轅教會"的團體,華僑日報印行,頁 371。

〔39〕鄭樹森、黃繼持、盧瑋鑾編《早期香港新文學資料選》,香港:天地圖書,1998 年,頁 5-6。

〔40〕《樂天報》筆者未見,藏 UBC Asian Library,年份是 1921-1929 年。

〔41〕參考陳謙〈"五四"運動在香港的回憶〉,《廣東文史資料》第 24 輯,1979 年,頁 44-45;及蔡榮芳《香港人之香港史》,香港:牛津大學出版社,2001 年,頁 106。

〔42〕詳參盧湘父〈香港孔教團體史略〉,載吳灞陵編《港澳尊孔運動全貌》,香港中國文化學院印行,1955 年,頁 1-4。

〔43〕曾富曾任 1929 年嗇色園董事會總理。

〔44〕有關"曾富花園",詳見朱石年〈龍城舊事隨筆──記九龍蒲崗村曾富花園〉,《旅行家》第 10 冊,香山學社出版,2000 年。

〔45〕何廷璋〈軒轅黃帝之治績〉,《國粹雜誌》第 33 期,1925 年 9 月刊,頁 2。

〔46〕江山故人(黃佩佳),《本地風光》第 42 則"安樂村(中)",1930 年 7 月 1 日。

〔47〕《飛霞洞誌》下集卷四張開文〈總序後跋〉,頁 85。

〔48〕《飛霞洞誌》上集卷一,頁 31、64-65。何廷璋名何明達,別字綺梅,曾於 1920 年嗇色園普宜壇入道。見《普宜壇同門錄》。

〔49〕拙文〈道脈綿延話藏霞──從清遠到香港先天道堂的傳承〉,載於周樑楷編《結網二編》,台北:東大圖書,2003 年,頁 272。

〔50〕《(旅港)番禺會所特刊》創刊號,1949 年,"會員通訊"記馮其焯任職青洲英泥公司,頁 32。

〔51〕淪陷期間,馮氏協助疏散會友返鄉,派發"歸鄉乘船證";馮氏亦任旅港番禺會所復興後第一屆主席(1946-1947),見〈旅港番禺會所成立百周年史略〉,《旅港番禺會所百周年紀念特刊》,1987 年,頁 39。

〔52〕《新界粉嶺聯和置業有限公司建設聯和墟場招股節略》,頁 3。

〔53〕李祈、經緯編輯《新界概覽》,頁 150。

〔54〕2003 年 8 月 21 日普善堂訪問。

〔55〕《嗇色園》"歷屆董事會芳名",頁 137、140、144。

〔56〕《學庸淺解》,三教總學會 1947 年序刊,題"禺山孝慈馮其焯著",序言說:"民卅二年,……蒙呂祖乩示,有云馮弟子宜速成《大學淺註》,垂教後學,是為翼聖之功,書成宜上本師批評,乃可行世"。

〔57〕《國粹雜誌》第一期,頁 8。

〔58〕卿希泰主編《中國道教史》第四卷,四川人民出版社,1995 年,頁 522。

〔59〕原文加按語:按鼠尾牛頭即丙子年尾丁丑年頭,即 1936 年至 1937 年之間。有解說即指第二次世界大戰、"蘆溝橋事變"。

〔60〕原文加按語:按水巷即"港"字。

〔61〕據《香港工商日報》載文末"下書孔明下降六字"。

〔62〕《香港工商日報》1933 年 12 月 15 日第三張第三版。12 月 16 日有第二道乩文。

〔63〕馮公夏(1903-2000),曾從區大典太史研習易學,曾任孔教學院司理。

〔64〕吳灞陵〈十八年前的預言〉,《華僑日報》,1951 年 12 月 2 日、3 日連載。乩文面世 50 多年後,王亭之撰文詳細說,見王亭之,〈五十五年前舊乩文〉,《明報》,1989 年 6 月 13 至 15 日。

〔65〕田邵邨建立大埔桃源洞、九龍坤道堂等先天道堂與大石古觀音堂,1924 年在桃源洞撰〈道脈總源流序〉,卒年在 1924 年之後。

〔66〕文在茲書局約於同治年間成立,又稱文在茲善書坊,專印三教經書和善書,見拙著《勸化金箴》,天津人民出版社,1999 年,頁 155-156、170 註(36)、238 "書影"。

〔67〕詳見拙文〈香港先天道百年歷史概述〉,載於黎志添主編,《香港及華南道教研究》,香港:中華書局,2005 年。

〔68〕見饒玖才,《香港地名探索》,香港:天地圖書,1998,頁 60。

〔69〕有關粵港先天道概況,參考志賀市子〈先天道嶺南道派的展開〉,《東方宗教》,第 99 號,2002 年 5 月;及拙文〈道脈綿延話藏霞──從清遠到香港先天道堂的傳承〉,載於周樑楷編,《結網二編》,台北:東大圖書,2003 年 7 月。

〔70〕曾道洸〈藏霞古洞源流紀略〉,《大道》,第 2 期,香港先天道會,1957 年,頁 34。

〔71〕包括廣州九大善堂,即愛育善堂、方便醫院、崇正善堂、黃沙述善堂等送贈書聯。

〔72〕這部分主要引自本人主編的《道風百年》"藏霞精舍"，香港利文出版社、蓬瀛仙館道教文化資料庫出版，2002 年，頁 91-93。

〔73〕有關樟柳榆三田祖師，詳參拙文〈嶺南樟柳榆三田祖師信仰考析〉，陳溢晃主編，《旅行家》，第 15 冊，2005 年出版。

〔74〕科大衛等編，《香港碑銘彙編》，頁 460-461。

〔75〕詳見本人主編《道風百年》"藏霞精舍"，頁 91-93。

〔76〕郭祺撰，〈藏霞洞超幽亭碑序〉，《藏霞集》卷一，光緒十年，頁 75。

〔77〕1935 年《香港道德會屯門支會碑記》，碑存於善慶洞內。

〔78〕此聯為舊殿時懸於邱長春聖座門首，現懸於牌坊後長廊正中圍柱。有關蓬瀛仙館部分楹聯，見〈春遊蓬瀛仙館賞聯憶舊〉，《粉嶺蓬瀛仙館金禧紀念擴建大殿落成特刊》，1982 年，頁 143。

〔79〕〈新界的仙境——蓬瀛仙館〉，《粉嶺鄉事委員會會務報告》，1966 年 6 月號，頁 7。

〔80〕吳灞陵以〈萬松嶺下有蓬瀛〉，《香港勝景》，香港大學孔安道紀念圖書館整理，1965 年 5 月 10 日刊，頁 4-5。

〔81〕從度牒可見其宗派，蓬瀛仙館度牒即載有龍門宗派百字詩："道德通玄靜，真常守太清，一陽來復本，合教永圓明，至理宗誠信，崇高嗣法興……萬古續仙號，三界都是親"。參考《粉嶺蓬瀛仙館金禧紀念擴建大殿落成特刊》，1982 年，頁 145。

〔82〕詳參《道教全真法會特刊》，侯寶垣、丘福雄文章，頁 11-16。

〔83〕〈創建粉嶺蓬瀛仙館記〉，《粉嶺蓬瀛仙館金禧紀念擴建大殿落成特刊》，1982 年，頁 34。

〔84〕江山故人（黃佩佳），《本地風光》，第 170-173 則，約 1931 年寫成。

〔85〕陳伯陶，道號"九龍真逸"，"早歲隨贈公讀書羅浮酥醪觀，因注籍觀中"（即其父銘珪，古代官員之父稱贈公），見張學華〈江寧提學使陳文良公傳〉，收於陳紹南《代代相傳：陳伯陶紀念集》，香港：編者自刊，1997 年，頁 33。

〔86〕《粉嶺鄉事委員會會務報告》，1966 年 6 月號，頁 7；1966 年立《蓬瀛仙館明台碑記》沒有記載此事。

〔87〕《道心》第 8 期，香港道教聯合會，1985 年，頁 20。

〔88〕1980 年左右，蓬瀛仙館仍保存 1930 年香爐，由弟子梁綺湄、黃再民敬送於太上殿上；以及 1934 年"蓬瀛仙館"圖額，由蘇宗林、馬宗脩題。見《香港碑銘彙編》，頁 741 及 803。

〔89〕見粉嶺區鄉事會外碑文，1969 年。

〔90〕《粉嶺診療所紀念特刊》，1972 年，缺頁數。

〔91〕參考《蓬瀛仙館創館七十週年特刊》"歷年紀要"、"慈善工作概述"及"贈醫與贈藥"，頁 65-74，頁 93-94。另見《粉嶺蓬瀛仙館金禧紀念擴建大殿落成特刊》，1982 年，頁 61。

〔92〕《道教全真法會特刊》，青松觀與蓬瀛仙館出版，1986 年，頁 1。

〔93〕為紀念這次活動，鑄造兩個銅鼎爐，安放兩地，鼎爐放在蓬瀛仙館大門。參考《中國道教》1993 年 2 月，頁 57。

〔94〕見蜂屋邦夫《中國の道教》，東京：汲古書院，1995 年，頁 574；及《廣州宗教志》，頁 109。

陳國成

第六章

聯和墟的
建立、經營與發展

導言

1951 年 1 月 20 日這天，對於粉嶺及鄰近地區的村民來說是一個很重要的日子，因為當天是耗資 200 萬元興建的墟市正式開幕及經營。該墟市名為聯和墟，位於距粉嶺火車站約 15 分鐘步行路程的地點，一路通往沙頭角，一路通往上水、一路通往大埔，因此交通十分便利。這個約 61 萬平方公尺的新墟市，中央建有露天市場及上蓋市場：前者可容納百餘個小販攤位，而後者以三合土蓋建，設有 60 個檔位，計有：14 個肉檔、12 個魚檔、12 個菜檔、14 個鹹魚檔、2 個雞鴨檔、2 個牛肉檔，及 2 個豆腐檔。在市場的四周亦建有舖位 90 間，全部都是兩層的新式建築，大部分在墟市開幕的當天亦投入經營。這些商舖的種類包括有洋貨業、米業、米機業、雜貨業、杉木業、茶樓餐室業、理髮業、攝影院業、沖曬業及旅店業等。在開市後的兩年，還增設有跳舞學院及電影院等。

聯和墟內劃分為 6 條街道，計為：聯和道、和豐街、聯發街、聯興街、聯盛街、聯昌街（見頁 146 圖片）。至於交通運輸方面，除有火車由該墟約 1 里外的粉嶺站經過外，還有來往上水文錦渡至九龍佐敦道、以及元朗至沙頭角的巴士在墟內上落客[1]，交通可謂便利。

開市初期，墟期定為一、四、七日（即每月農曆的初一、初四、初七、十一、十四、十七、廿一、廿四及廿七），附近的村民會攜帶農產品前來售賣，而且主要是集中在早上，但其後隨著人口不斷增多，而且買賣活動日益頻繁，墟期亦開始消失了。除了日間的貿易活動，在凌晨至早上的一段時間，眾多菜農在市場對出的空地上，將新鮮收割的蔬菜批售予來自港九的菜販，以供應城市居民當天所需；因此，該墟亦有"天光墟"之稱。

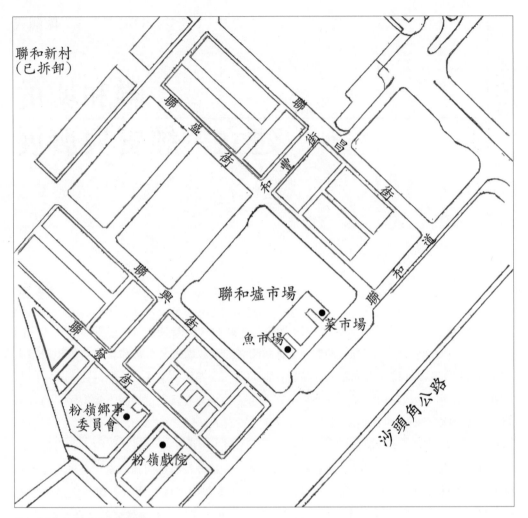

圖中可見聯和墟內街道的劃分情況。

1970 年末的聯和墟市場。(香港特別行政區政府提供)

除商舖及市場外，墟市後面的空曠地方在 1952 年開始開闢為聯和新村，提供廉價、舒適的單層樓房 100 間。樓房每間高 15 呎，長 30 呎，闊 13 呎，可間格一廳兩房，另設廚房及小天井等，每間建築費約 2,000 元，任何人均可投資獲得該房屋的所有權。由於所有樓房的外牆都是白色，故此當地人稱之為 "白屋仔"。

建墟背景及動機

聯和墟的創建，是由一群當地商紳向鄰近村落居民集資開闢建設，並組織了 "聯和置業有限公司" 作為管理墟市的機構。在墟市開幕典禮上，該公司總經理彭富華先生說："組聯和墟之動機，純粹因粉嶺附近十里之內無一建設上稍為合理之墟市，故粉嶺一帶鄉村連同六約軍地 48 村主事人，集合討論組墟問題，於是由本人徵得李仲莊、彭樂三兩位先生負起領導籌備責任⋯⋯。"[2] 事實上，戰後香港的發展及中國內地的政治變遷確實為建立聯和墟提供了一個有利的環境。但據當地一些村民憶述，建墟的背後亦牽涉／隱含了一些地方利益鬥爭的元素。年長的被訪者指出，聯和墟的建立是要與上水的石湖墟競爭。因為在聯和墟未出現之前，鄰近的石湖墟便是粉嶺區及沙頭角、軍地、打鼓嶺一帶鄉民進行買賣的市集，但是由上水廖姓控制的石湖墟經常對他們在秤佣（意指公秤的收費或佣金）上多收費用，而且他們亦多次向其墟主投訴公秤不準確的問題，但並未獲改善，因此種下建立新墟的遠因。另外，Nicole Constable 亦指出，上水石湖墟墟主在買賣中收取公秤費用所得的收入，只用於該區的社會建設，並未惠及粉嶺區村民[3]。結果，上述的原因驅使粉嶺區村民希望建立新墟，以保障自己的利益。因此，村民指出為甚麼聯和墟的創建並沒有上水廖姓族人的參加，而且在墟期方面更是與石湖墟相同。這暗示了兩墟是存在著一定的競爭。

事實上，在新界，墟市的建立及其興衰往往是村落間互相競爭的結果，例子有大埔新舊墟、元朗新舊墟、以及上水石湖墟與隔鎮墟。建於 17 世紀的大埔（舊）墟，由來自大埔頭、水圍、及粉嶺龍躍頭的鄧族所操控，後來受到主要來自大埔太享的文氏族人及其他鄉民在 19 世紀末期共同建立的大埔新墟的競爭，最後新墟取代了舊墟的地位，並日益繁盛。在元朗，建於 17 世紀前的元朗舊墟屬鄧族鄧文蔚一房，直至 1910 年代中期，它仍是當地最繁盛的地方。但當新墟在 1915 年開辦後，舊墟隨之式微。新墟主要由十八鄉、八鄉共同組織的 "合益公司" 來管理。大埔及元朗兩地開設新墟，均牽涉了原有舊墟的鄰近村落鄉民對該墟的不平等對待而引發的，而且新舊兩墟的墟期同是三、六、九等日子。至於上水，裴達禮（Hugh Baker）指出，300 多年前石湖墟的出現，代表了廖族在經濟上戰勝了由侯族控制的隔鎮墟，而後者更在 1819 年的《新安縣志》上消失了[4]。

值得留意的是，建墟是需要龐大的資金，而且在政治上亦充滿危機。因此，就聯和

聯和墟最早期的兩層商住樓宇，至今仍保存下來。

位於和隆街的聯和置業公司辦事處。

墟的建立而言，單單以不滿石湖墟墟主這個理由是不足以推動/動員大量人力及資源來創建一個新的墟市。只有當以下兩大外在因素的出現，新墟市的建立才被視為有利可圖的工程。這兩因素是：一、中國內地政治變遷而導致香港新界土地利用的革命性改變；以及二、香港政府對農業政策的改變。這兩大因素為聯和墟的建立與發展提供了積極的、有利的環境。

在 1950 年的夏天，約 70 萬中國難民湧入香港，他們大部分是為逃避共產黨的統治。在 1955 至 1956 年間，再有 14 萬人逃至香港。中國內地的政治變遷，使香港的人口由 1945 年的只有 65 萬人增至當時的 200 萬[5]。這些難民很多來自廣東省的南海、番禺、順德、東莞、中山等地，而且在過往已掌握了種植收成量高、生長期較短的蔬菜，為城市居民提供新鮮的蔬菜。在當時的新界，百分之八十以上的農田都是種植稻米（一般為每年兩造收成）。但隨著大量難民的湧入，那些坐落於豐富水源的農田，逐漸由這批難民改種蔬菜。鑒於蔬菜由種植至收割只需兩至三個月，這種高產量的生產，迎合了及應付了當時城市居民對菜蔬的大量及不斷增長的需求。由於種植蔬菜有著高而快的回報，這急速改變了新界農田的種植及經營方式。以凌道揚於 1953 年在粉嶺進行的調查所知，以大約 0.17 公頃的農田為例，種植稻米的每年收益約為 162 元，但種植蔬菜則可賺取 559 元之多，可見種植蔬菜有著非常可觀的回報。這亦說明了為何當地原居民願意將稻田出租予這批南來的難民，因為他們每年從此收取的田租，遠遠高於自己種植稻米所得的收益。當時，亦有部分原居民向南來的蔬菜種植者（很多時是他們的租客）學習種植方法及技術。因此，新界稻田的面積由 1954 年的 20,191 公頃開始減至 1961 年的 16,796 公頃；同時，種植蔬菜的農田亦由 1954 年的 2,254 公頃急增至 1961 年的 6,172 公頃[6]。蔬菜種植品種包括白菜、芥菜、白菜心、生菜、芥蘭，以及莧菜等。

在當時（1940 年代），農民收割蔬菜後需將之運往由政府成立及統籌的蔬菜統營處轄下的收集站（俗稱菜站），由中央處理買賣。政府希望藉此控制所有蔬菜的運輸及買賣，以保障市民的利益，避免蔬菜的供應及價格有大幅度的上落。但這措施得不到所有農民的支持，他們反而將收成的蔬菜在當地出售予來自城市的個別菜販，因為這樣才讓他們完全控制出售的價格，而且亦毋須被政府對其農產品的買賣收取佣金。故此，縱然粉嶺安樂村在 1950 年設立了農作物收集站，有很多農民仍然將收割的蔬菜，甚至是飼養的禽畜，帶到當時仍未興建市場的這個地方進行買賣。隨著販賣日益頻繁，形成了一個小型的、臨時的、不具規模的市集，而這市集就是聯和墟市場的前身。

另外，當時香港政府有鑒於中國內地政治不穩定，於是積極鼓勵鄉村自發籌建墟市，預防一旦內地停止向外輸出農產品時，香港亦能自給自足。所以，墟市擔當了應付及調節農產品供應的重要組織。除此之外，由於政府指出當時上水石湖墟是新界最不整潔及沒有規劃的墟市[7]，故當粉嶺鄉民在當下提出蓋建一個新型、具規劃的墟市時，自

農田種滿了生長快速的唐生菜。該農田亦設置了先進的灑水系統。

位於安樂村的粉嶺蔬菜合作社,曾用作收集農民運來寄賣的農產品。

然得到政府的支持。於是，在 1948 年，當地一批紳商首先組織了聯和置業公司，招集
50 萬元為建墟及有關的公共設備的資本，然後向政府及私人購入現下的場址，加以開闢
及填平，並發展 90 間舖戶，奠下了聯和墟市場的雛形。

資金的籌集

得政府的批准，聯和置業有限公司由 1948 年 1 月 2 日開始招股，法定資本為港幣
50 萬元，合共 5 萬股，每股 10 元，內分 500 股為"創辦股"，49,500 股為"普通股"。
根據該公司的文件記錄，在 1948 年一共進行了三次招股：第一次在 1 月，認購的股份
共 15,150 股；第二次在三月，認購的有 7,562 股；第三次在六月，有 1,706 股被認購。
三次招股累積有 21,418 股，連同 500 股創辦股，該年總招股數目為 21,918，集資港幣
2,191,800 元。雖然該數額仍不足原先訂定的半數，但這筆資金亦最終促成了建墟的工程。

500 股創辦股，由百多條村落名義認購，它們大部分來自粉嶺及沙頭角區。這些村
落計有：

南涌李屋村	蓮塘尾村	蓮麻坑村	嶺皮村	了壆村	羅坊村
老鼠嶺村	南涌羅屋村	盧慈村	聯安村	林村	龍躍頭村
馬尾下村	大塘湖村	麻雀嶺	萬屋邊村	木湖村	南華莆
吳屋村	榕樹凹	安樂村	鹿頸環角村	蓮塘村	沙羅洞李屋村
平峯村	坪山仔村	平洋村	平和尾村	西嶺下	三亞村
新塘埔村	新屋仔村	新村林屋	新田村	新屋嶺	沙井頭
山雞乙村	山咀村	石涌村	萊洞村	上下苗田村	鎖羅盤
崇謙堂村	小坑村	嶺仔村	大埔田村	大頭嶺	大窩村
大埔頭水圍	担水坑村	塘坑村	塘坊村	塘肚山	荔枝窩
菜園角	蕉徑村	七木橋	元嶺村	捕江下	橫山腳
禾徑山	和合石	鹿頸黃屋村	烏交田村	碗Ｊ村	流水 之
南涌楊屋村	營盤村	麻笏村	禾坑村	亞麻笏	丙崗村
鹿頸陳屋村	南涌鄭屋村	張屋村	慈棠村	簡頭村	簡頭圍村
鹿頸朱屋村	竹園村	松元下	松柏朗村	涌尾村	涌背村
粉嶺村	粉嶺樓	虎地排村	鳳凰湖村	鳳坑村	下坑村
坑頭村	香園村	河上鄉村	龜頭嶺村	鶴藪村	孔嶺村
金錢村	金竹排	九龍坑	九担租	高甫村	江下村
古洞村	谷埔村	軍地村	軍地新村	鹿頸林屋村	三和約村

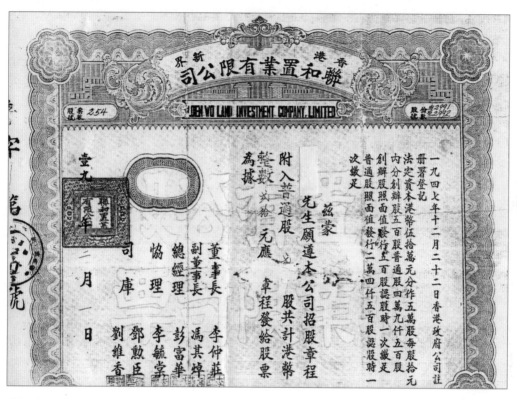

聯和置業公司發行的招股證。

禾坑凹下村　　沙羅洞張屋仔

　　至於普通股，認購的方式除以個人名義外，還包括以公產（祖、堂名義註冊）及公司來認購。新界原居民的祖嘗 / 嘗產常以"祖"、"堂"之名（例如 ×× 祖、×× 堂）登記註冊產業，以其收益支付集體祭祀及為成員提供福利及緊急支援。"祖"與"堂"之區別，在於前者是以某祖先名稱命名，而後者是可以由親屬或其他類型組合而設立的。

　　在認購的 21,418 普通股中，17,642 股是由個人認購，而 3,776 股則由嘗產名義購入。下列表格，清楚的顯示了這些股份的分佈情況：

姓名	個人認購股份	嘗產認購股份	總數
彭	621	475	1,096
鄧	944	178	1,122
侯	35	10	45
文	78	175	253
李	1,429	1,874	3,303
陳	2,121	60	2,181
其他	12,414	1,004	13,418
總數	17,642	3,776	21,418

　　表中以個人認購股份的股東歸類於不同的姓氏組別，因為這些同一姓氏的股東所登記的地址均來自同一村落。上述數字清楚反映了新界大型的宗族如鄧族、彭族、侯族、李族及文族亦有參與，顯示這次建墟得到廣泛村落的認同及支持。另外，領導籌備建墟的彭富華（粉嶺圍）、李仲莊（高莆村）、彭樂三（安樂村）及鄧勳臣（大埔頭）等人的所屬村民 / 族人，他們認購了一定的股份，這反映出他們在地方社會動員的能力，以及村民族人對建墟的支持程度。若以認購股份的人數來看，約有 900 多人參與是次建設的資金籌集，認購由最多的 1,000 股至 1 股也有，當中以 1 股、2 股、5 股及 10 股佔多數，這表明被動員人數之多，而當中尤以務農為生的佔大多數。總括而言，無論從人數、宗族血緣群體及相關公有財產的數目來看，創墟這一大型建設工程可說是新界戰後最具規模的、涉及人數和村落最多的集資活動。

墟市的管理及收益

作為管理墟市的聯和置業有限公司，它的第一屆董事局成員包括了李仲莊、馮其焯、鄧勳臣、劉維香、陳友才、彭朝仁及黃冠英一行九人。除彭朝仁外，所有董事報稱職業為商人，而且數人更是當地享有地位的人士：李仲莊為鄉議局第一屆主席、獲太平紳士銜，從事香港與廣東的食鹽貿易；鄧勳臣為鄉議局第六、七屆主席；彭富華為粉嶺圍的村代表，粉嶺鄉事委員會創辦人之一；陳友才為打鼓嶺鄉事委員會創辦人之一。至於曾是籌辦建墟成員之一的彭樂三，並未包括在內，原因是他在市場第一期建設工程完成前已去世了。從上述得知，聯和墟的管理是掌握在一批地方精英手上，憑藉其個人的豐富經驗及集體智慧，對聯和墟的運作及發展扮演了重要的角色。

除第一屆董事局成員是在股東大會召開前已選任外，其後的全由股東普選產生。成為普通董事之資格，須本人名下佔有公司普通股最少 50 股。公司亦賦予創辦股東有權隨時指派具有普通董事資格者充當公司的董事，但指派限額最多 7 人。

聯和公司的文件顯示，由 1947 至 1993 年[8]合共有 24 人曾出任公司的普通董事，而這 24 人當中，3 人姓陳，1 人姓馮，1 人姓劉，8 人姓李，6 人姓彭，1 人姓宋，2 人姓鄧，及 2 人姓黃，他們有部分人是來自同一家族、宗族或村落（參看下表），例如李仲莊及李卓南為父子關係，而李昌亦是來自同一家族；周燕翔為彭富華的妻子，而彭鏗然、彭鏘然及彭本永為其兒子。值得留意的是，現任的董事局成員一共 8 人，而上述李彭兩大家族已佔 7 席，可見聯和墟的管理已由他們以家族形式掌管，關於這一點，我們在下面再作討論。

姓名	就任年份（以 1993 年為限）	地址
1. 陳彬耀	1956－1958	聯和墟
2. 陳雲安	1955－1956	崇謙堂
3. 陳友才	1947－1958	坪洋村
4. 馮其焯	1947－1953	九龍
5. 劉維香	1948－1954	大埔墟
6. 李　昌	1969－1993	高莆村
7. 李卓南	1958－1993	高莆村
8. 李仲莊	1947－1968	高莆村
9. 李開雲	1955－1956	高莆村

粉嶺鄉事委員會會所奠基石碑，位於會所地下一旁。

重修的粉嶺鄉事委員會會所，現今二樓為該會的辦公地方。

10. 李國康	1981－1993	九龍喇沙道
11. 李兆元	1958－1969	虎地排
12. 李晏濂	1958－1968	禾坑
13. 李毓棠	1947－1951	麻雀嶺
14. 周燕翔	1960－1993	粉嶺村
15. 彭富華	1947－1969	粉嶺村
16. 彭鏗然	1969－1993	粉嶺村
17. 彭鏘然	1981－1993	粉嶺村
18. 彭本永	1981－1993	粉嶺村
19. 彭朝仁	1947－1955	崇謙堂
20. 宋善民	1955－1956	高莆村
21. 鄧勳臣	1947－1953	大埔頭
22. 鄧麗娟	1958－1960	粉嶺村
23. 黃祥煥	1981－1993	松柏塱
24. 黃冠英	1947－1987	松柏塱

　　聯和置業公司的收入，主要來自上蓋市場出租檔位及公秤投標所得金額。在開市的初期，公司每月徵收每個肉媒租金約 80 元，魚檔及雞鴨檔約 60 元，鹹魚檔約 70 元，以及豆腐檔約 50 元。這項收入每月可達 5 千多元。到 1970 年，每月收入已達 90 多萬元，而 1987 年更突破了 100 萬，5 年後差不多接近 200 萬元，收益非常可觀。但須留意的是，公司文件指出從 1964 年開始，上述租金收入已包括了一些乾貨攤檔、臨時建築物（位於市場旁邊的那些用作商業活動）等物業收入。另外的一項收入是把在市場內（尤指天光墟）向買賣雙方收取公秤費的專利權售予最高競投者而獲得的款項。由 1960 至 1968 年，所得款項由 5 千元至約 9 千元不等；而 1969 年開始突破 2 萬多元，到了 1977 年往後的 4 年更達至 10 萬元，1983 至 1988 年甚至高達 12 萬至 16 萬元，但隨後則大幅減至 4 萬多元，反映了當地農業由興旺走向式微。值得注意的是，公秤的競投並不是完全公開的，投標資格只限於持有聯和置業公司之創辦股份的原居鄉民，而且承辦期限為 1 年。另外，公司在投標書已訂定了不同農產品的公秤收費（見下表），這表明它對市場內的買賣仍然維持很大程度上的管理權。

1954 年當時的大埔理民府官員在聯和置業公司會見當地鄉紳，討論有關籌備成立鄉事委員會一事。（轉載自《粉嶺區鄉事委員會會所重修開幕特刊》，2001 年）

1954 年鄉事委員會選舉的情況，當年選出了正、副主席 3 人，執行委員數名，任期 1 年。（轉載自《粉嶺區鄉事委員會會所重修開幕特刊》，2001 年）

公秤收費表

農產品名稱	重量或隻數	秤費	備註
大豬	50 斤以上	每隻 5 元	買賣雙方各半
小豬	50 斤以下	每隻 3 元	買賣雙方各半
雞、鴨、鵝		每隻 2 元	買賣雙方各半
蔬菜	每過秤 50 斤以下	3 元	買賣雙方各半
	超過 50 斤	4 元	

　　除上述兩項經常性收入，公司分別在 1964、1987 及 1989 年出售土地而獲得可觀的收入：第一次賣地款項約 34 萬元，而其後兩次分別為 210 多萬及 360 多萬元。以上所得收益，公司在 1960 年開始以分派股息方式回饋股東。下頁表格，清楚列出對普通股及創辦股所分派的利息。

　　從派息的不斷遞增，反映出市場的經營並未因公秤在 1980 年代末開始在收益上的大幅減少而影響著整體的收入，因為公司從市場攤檔所增加的租金收入加以彌補了。

年份	派息予普通股（港幣／每股）	派息予創辦股（港幣／每股）
1960-1970	0.5 元	1 元
1971	2 元	4 元
1972-1975	1 元	2 元
1976	2 元	4 元
1977-1978	3 元	6 元
1979	4 元	8 元
1980-1983	5 元	10 元
1984-1986	7 元	14 元
1987	8 元	16 元
1988-1991	10 元	20 元
1992	20 元	40 元

股份的轉讓與運用

聯和置業公司自 1948 年進行了 3 次招股後，在 1957 至 1965 年亦曾多次招股，總數為 3,082 股，令公司合共出售 25,000 股。公司從 1971 年開始，記錄了股份轉讓的情況。下表列出了有記錄的股份轉讓情形：

年份	出讓股份股東姓氏（轉讓股份數目）	總數
1971	李（310）；郭（5）；杜（100）；黃（150）	565
1972	彭（25）；李（1,125）	1,150
1973	彭（300）	300
1974	高（50）；李（15）	65
1975	李（5）；黃（50）	55
1976	周（1,000）；李（50）	1,050
1977	彭（1,354）；李（300）；林（100）	1,754
1978	彭（50）；黃（5）	55
1979	馮（1,020）；李（150）；黃（7）	1,177
1980	李（100）；謝（12）	112
1981	馮（150）；黎（5）；彭（66）；杜（100）；黃（50）	371
1984	鍾（10）；劉（10）；彭（176）	196
1986	李（60）	60
1987	彭（400）；李（20）；曾（10）	430
1988	李（90）；彭（551）	641
1989	陳（300）；何（20）；李（20）；文（10）；黃（1,100）	1,450
1990	馮（50）	50
1992	羅（40）；彭（18）；曾（10）；何（10）	78
1993	伍（60）	60
	總數	9,619

從上表得知，由 1971 年至 1993 年間，合共有 9,619 股曾作出過轉讓。雖然該公司並沒有訂定股份轉讓的限制條件，但從買賣雙方的資料來看，這些股份的轉讓大部分都是依據以下其中一個原則：一、來自同一姓氏／宗族；二、來自同一村落。計算所得，該批股份中的 6,303 股正好反映了這個轉讓的規則，至於餘下的 3,316 股則主要由高莆村的李氏及粉嶺村的彭氏所接收，他們分別認購了 1,797 股及 1,015 股。若將這批 6,303 股中涉及李氏及彭氏內部的轉讓數目加以分析，李氏是佔了 2,245 股，而彭氏則佔了 3,940 股，兩者合共 6,185 股，佔該批轉讓股份的 98% 以上，可見他們在股份轉讓上的活躍程度。

雖然粉嶺村彭氏族人在建墟認購的股份數目只有 1,096（佔總股份的 0.051%），但他們在管理墟市上卻扮演了重要的角色，尤以彭富華一家如何操控股份及利用親屬關係來獲得、維持及加強他們在聯和置業公司的權力及地位。前文提到 1950 年時，聯和置業公司的董事局並未被任何一個姓氏或宗族所主導或壟斷。但到了 1990 年代，除了只有一位黃姓為普通董事外，其餘的全由李氏及彭氏家族成員出任，而且他們亦相繼出任董事局主席及董事總經理這些最高權力職位（見下表）。

歷屆董事總經理年表 1

年份	董事總經理
1951-1969	彭富華
1969-1977	李卓南
1978-1992	彭鏗然

歷屆董事局主席年表 2

年份	董事局主席
1961-1968	李仲莊
1970-1977	周燕翔
1978-1992	李卓南
1993-2004	彭鏗然

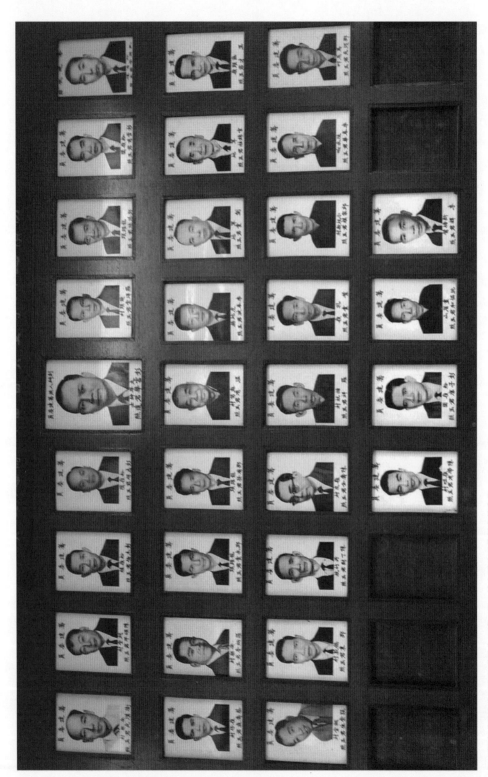

粉嶺鄉事委員會會所建設委員會玉照，最上排中間的正是彭富華先生。

以彭富華家庭為例，彭富華本人為建墟創辦人之一，他在 1947 至 1969 年出任普通董事，1951 至 1969 年出任董事總經理。在 1969 年他死後，他擁有的股份（由最初的 50 股累積至 1,000 股）由其妻子周燕翔繼承，當時的她已經是公司的普通董事。在其夫死後的一年，周氏被選為董事局主席，並就任至 1977 年。她的長子彭鏗然，由 1978 至 1992 年出任董事總經理一職，由 1992 年開始更進一步成為董事局主席。至於她的二子彭鏘然及三子彭本永，兩人由 1981 年開始成為普通董事。以下討論，將描述彭富華這一家如何運用股份及親屬關係網絡來獲得、維持、及加強他們在公司的權力及地位。

1965 年後，聯和置業公司已沒有再進行任何招股活動，由當時至 1970 年代初，彭富華一家只有他及其妻子擁有股份，他們四個兒子所擁有的股份，全是從其他股東手上認購回來。從分析 1971 至 1993 年那批轉售股份股東名單，一共有 2,365 股是轉讓到這家族的，而其中 1,000 股是由周燕翔在 1971 年轉至她的長子彭鏗然，餘下的轉售者中，1,015 股是他們的族人，而另外的 350 股則是其他姓氏的人所擁有。以上可以看出宗族的親屬關係在股份轉讓所扮演的重要角色或所起的作用，以及他們如何不斷的吸納股份來加強在公司的地位。結果，彭鏗然在 1971 年已持有 1,000 股，彭本永在 1972 年持有 690 股，彭本偉在 1977 年持有 399 股，而彭鏘然在 1977 年從他媽媽手中獲得 1,000 股。繼後，他們不斷從其他股東手上收購股份。在 1993 年，彭鏗然已擁有 1,560 股，彭鏘然擁有 1,016 股，而彭本永及彭本偉則各擁有 1,000 股。

由於公司規定有關董事選舉方面，每位股東擁有 5 股以上的可有 1 次投票權，10 股以上，每額外 10 股可增多 1 次投票權，這說明了股東擁有更多的股份，在公司便有更多的投票權。因此，在董事選舉中，若彭富華一家聯合一致互相支持對方，他們不難獲選及在公司有著重要的影響力。當我們留意分析他們任職董事的時間與持有股份數目的關係時，以上的推論便得以成立。回顧彭鏗然是在 1971 年持有 1,000 股之後才被選為董事總經理（時為 1978 年），而彭鏘然及彭本永在 1977 年分別擁有 1,000 股及 690 股之後 3 年才被選為普通董事，並繼任至今。

總括而言，以上個案展示了一個家庭如何運用公司股份作為權力的資源去維持及加強在公司的地位及影響力。他們不斷的收購其他股東的股份，而同時又不出讓自己的股份，這顯示了他們如何將可轉讓性的股份變成家庭的財產，而這項財產顯示的正是維持其成員在公司的領導地位。但是，除了擁有股份外，該家庭的財富、權力、及聲望亦是其成員得以成功入主公司的重要元素。彭富華本人出身富裕之家，故允許他及其家庭成員在收購公司股份方面沒有經濟上的困難。再者，彭富華曾接受大學教育，又對其他事務有廣泛的認識及經驗，促使他在族中及地方政治與建設作出重大的貢獻，例如在 1930 年代籌建粉嶺公立學校，為族中及鄰近地區提供優質的教育設備與環境；由 1940 至 1960 年代出任粉嶺村代表，為村民謀取福利；另外，他亦出任第 17 屆鄉議局主席，在新界享有一定的聲譽。至於他的長子彭鏗然，亦繼承了他的地位及才幹，由 1969 年開始擔任粉嶺村的村代表，而且由 1970 至 1988 年更成為粉嶺鄉事委員會主席，對族中及地方事務作出了很多貢獻。另外，周燕翔本人亦積極參與地方工作，例如在 1960 年代末創辦新界婦孺福利會及出任該會主席，同時亦是粉嶺診療所首屆副會長。總括而言，他／她們對地方事務、政治的積極參與，獲得族人及當地其他人士的支持，無論在選舉及收購公司股份的事件上，造就他們在聯和公司擔當領導的角色。

許多研究中國社會的學者指出，中國的士紳必須控制一定的資源來維持或加強自身的領導地位，無論這些資源是物質的、社會的、個人的、或者是象徵的[9]。彭富華這一士紳家庭清楚表示了，在南中國社會，尤以血緣及地緣為紐帶的宗族組織，公司股份是一種新的、十分重要的資源來獲取及加強權力。而且，周燕翔的例子亦說明了公司股份能夠給予一已嫁婦女在公眾領域（超越村落事務的範疇）中獲得及使用正規的政治及經濟權力，而這些權力在家族結構中以往是被否定的。

除了以個人身份認購的股份有轉售的情況外，以集體名義或族產認購的股份亦曾有以下的轉售。

出售者	地址	出售股份	購買者	地址	年份
東和別墅	淡水坑村	150	李卓南	高莆村	1971
東和別墅	淡水坑村	150	黃東海	松柏塱	1971
元和堂	林村	625	李南	大埔墟	1972
元和堂	林村	125	李昌	高莆村	1972
元和堂	林村	125	李國禧	高莆村	1972
元和堂	林村	125	李國安	高莆村	1972
丘松蔭堂	小坑堂	50	顧超立，溫達明	啟德道	1974
	總數	1,350			

從上表得知，轉售的股份數目為 1,350，約佔以村或集體族產名義認購的 4,276 股的 32%。雖然股份的轉售數目大，但所涉及的實際股東為數只有 3 個，這表明了此類型的股東在轉售股份方面並不活躍，原因有以下兩個：一、當這類型的股東決定要出售手上的股份時，由於股東不止一人（因以集體名義購入），在公司股份上登記的只是該集團／團體的代理人而已，所以出售的決定必須得到大多數成員同意才可實行，因而增加了出

售所面對的困難。二、由於將出售後所帶來的現金收益攤派予所有成員時，他們所得的只是一個很小的數額的話，這很大程度削弱了他們出售股份的意願及動力。反而，若出售的是以村落名義認購的創辦股，隨著出售而損失的還包括其所有股東對聯和置業公司公秤的投標資格。所以，在公司的記錄中，仍未發視有任何的創辦股（合共 500 股）曾有過轉售。

墟市的發展與變遷（上）

聯和墟的發展及墟內商店的經營並不是一帆風順的。例如在經營 1 年多後，由於政府當局通令在 1951 年 9 月起規定商店於每晚 10 時後閉門停業，因而使墟內某些商舖的經營受到很大打擊。據《星島日報》(1952 年 9 月 7 日) 記載，聯和墟當時每晚 10 時後，往往變得冷清蕭條，其中尤以跳舞學院、冰室及酒吧等業務更陷於困境。由於當時以上三類商業經營最為蓬勃，光顧的客人主要以附近駐軍（啹喀兵）為大多數，他們多入夜後聯群結隊在舞院尋樂，或到酒吧消遣，經常到深夜才散去，其中尤以週末及假期最為人多，所以該項禁令對它們的經營影響甚深。墟內的舞院為了維持業務，曾嘗試更改營業時間，提早至下午 3 時開業，但前往消費的卻門可羅雀。該禁令亦導致當地興建電影院的計劃被迫暫停下來。後來，隨著禁令的解除，上述商舖得以回復經營，而大型的建設亦陸續展開，奠下了聯和墟日漸繁盛的基礎。

除商舖及住宅，不同類型的組織或機構亦先後在聯和墟設立。最早的有 1952 年開幕的寶血孤兒院[10]，而不同的同鄉會如番禺同鄉會，南海同鄉會，東莞同鄉會，中山同鄉會等亦相繼設立，為其會員提供不同形式的協助及聯誼；而原本設於安樂村的農業合作社（成立於 1950 年）亦繼後遷往墟內的和隆街。另外，代表粉嶺 30 多條村落，為鄉民辦理事務，排解糾紛，以及直接協助政府呈達工作的粉嶺鄉事委員會亦於 1950 年代初在墟內蓋建。由此可見，聯和墟不僅是一個商業墟市、貨物的集散地，它更是粉嶺及鄰近地區的政治及社會組織集中地。

南海同鄉會

成立於 1967 年，3 年後由眾人發起籌置永久會所事宜，1 年後會所正式落成。根據會所碑記記載，當時為爭取更多會員捐款，規定了：一、凡捐助 2 千元或以上者為該會的永遠名譽會長兼籌置會所委員；二、凡捐助 1 千元或以上者的為該會的永遠名譽副會長兼籌置會所委員；三、凡捐助 300 元或以上者為該會的永遠名譽顧問兼籌置會所委員；四、凡捐助 200 元或以上者為該會的籌置會所委員。

粉嶺農業合作社成員到日本靜岡縣的農業會館作考察及交流，年份不詳。

在該次捐款，捐助 2 千元或以上的有 2 人，1 千元或以上的有 4 人，300 元或以上的有 65 人，200 元或以上的有 6 人，而 200 元以下的有 142 人，合共籌得港幣逾 10 萬元。該款項得以使該會擁有自置會所，為日後所舉辦的聯誼活動提供免費場地。

同鄉會在 1970 年成立福利互助委員會，代辦遇會員不幸逝世時向各會員代收的"賻儀代金"，然後轉發予其家屬，當時的金額為 1 千元，到了 1983 年調整為 3 千元。"賻儀代金"是來自會員定期繳交的款項。在 1970 年代，每位會員每期科款 2 元，到 1983 年增加至每期 7 元。通過會員自發性參與，為有需要的會員家屬提供經濟援助，讓來自同一籍貫的成員彼此守望相助。但是，同鄉會不設會員互助貸款，有需要的會員（大部分均務農）可向所屬農業合作社徵求緊急貸款（下述）。

農業合作社

全名為粉嶺蔬菜產銷有限責任合作社，成立於 1950 年，社址最初設於安樂村，為香港第二個由政府撥資興建，以作農產品收集搬運及與農民有關福利事業之發展的農民辦事處。合作站的職員均由當地農民自行選任，由市場在佣金下撥百分之三補助合作站的經營[11]。合作社的業務範圍東至新圍皇后山，南至和合石，西至雞嶺，北至牛清湖，會員人數最多有 1,100 多人，成為該社成員，年齡必須超過 18 歲，不限性別，但須得該社社員二人介紹，並繳納港幣 3 元會費；另外，該社以有限公司運作，每位社員必須最少認購該公司 1 股，每股為港幣 10 元。

合作社設有社會輔助流動貸款基金，給予社員作短期貸款之用，貸款額不超過 2 千元，月息為千分之五，須在 12 個月內繳還。該基金由"社會救濟信託基金"撥贈，若當有社員因水災、火災、風災或其他災害影響，以致遭受損失，而損失程度達至亟需救濟的時候，合作社將會動用這個基金來舉辦短期貸款。

另外，合作社亦曾向世界難民合作社貸款基金借得為期 5 年之貸款，設立一項名為"世界難民年流動貸款基金"，以備轉借與該社成員。事緣 1958 年，聯合國第十三屆大會決議自 1959 年 6 月起為世界難民年，旨在喚起世人對於難民的注意及關懷，於是發動廣泛援助與支持，使流離失所的難民得以重新安定其生活。香港政府是在 1962 年設立該基金，向有關的農民及漁民合作社提供貸款，作為對合作社或個別社員有社會及經濟利益的用途。粉嶺農業合作社對該貸款之使用限於用作非生產用途上，包括喪殮、教育、婚嫁、房屋小修及其他類似之急需。每一社員的最高貸款不多於 200 元，須於 6 個月內歸還，貸款年利息不超過 6 厘。

合作社亦規定社員必須儲蓄，以作為該社建立一項流動基金之用，其儲蓄辦法是按照社員每次貸款總額 6% 繳交。每社員之個人儲蓄最高為 300 元，當社員退社或身故，

粉嶺鄉事委員會診療所捐款碑文，當年（1949）聯和置業公司捐出了4萬元之多。

其儲蓄之款項將交回他／她的認可承繼人。

粉嶺鄉事委員會

　　於 1954 年創立，由聯和置業公司董事彭富華聯合地方鄉紳發起創辦，在初期是借用該公司作為臨時會址。直至 1961 年，彭富華發起籌建兩層新會所，並擬留地下作為診療所，以配合地方發展所需。1963 年，該會獲大埔理民府（當時粉嶺是隸屬大埔管轄，而理民府為現今地政署前身）撥地 3,000 平方呎作為會所之用。6 年後，會所建成。建築年期之長，是由於在會所動工之時，遇上銀行風潮，所需資金（10 餘萬元）需時籌集所致。該會的名譽顧問羅澤棠先生道出當年的艱苦："經幾年新春演戲籌款，仍未如理想。幸蒙街坊鄰里、社團會館，熱烈支持慷慨捐助。雖經社會騷動影響，仍可克服各種困難，繼續進行興建。至 1969 年落成啟用。"[12] 同年 12 月，診療所亦落成，以僱用政府認可之西醫為居民服務為宗旨，並以廉收診金藥費為原則。在對地方醫療需求殷切的當時，再加上大部分居民屬貧苦者，該診療所的建立確使本區居民得到了及時的、廉價的醫療服務及照顧[13]。

　　到了 1985 年，該會主席彭鏗然聯同副主席二人的領導下，在現有會址加建一層，借給教育資料協會、青年協會、北區青商會、男女童軍、柔道、音樂等作為辦公及教習之所[14]。16 年後，會所進行了一次重修，以改善其設施，迎合時代的需求。

聯和商會

　　創立於 1958 年，由於設址於該墟市，故名。在設立初期，會址尚屬租用。在第五次常年大會，當年的主席李卓南先生倡議籌購會址，並得眾人和議設立委員會專責其事。但是，"聯和商會籌置會所碑記"指出："毋奈環境變遷頻年風災澇旱農事歉荒商業萎縮置廈工作延擱經年"。直至 1963 年，會眾認為事情不宜再推遲，故立即發起認捐，最後合共籌得約 3 萬元，購入現位於聯盛街的會址。該會設有永久及普通會員。據 1995 年編纂的名冊記載，前者有 86 名，而後者有 160 名。

　　為扶掖貧勤青少年，該會在 1984 年成立了助學金，約 20 萬元的捐款來自當地商號（如聯和置業公司秤佣委員會、廖創興銀行、海外信託銀行、廣大公司）、宗教機構（如蓬瀛仙館、藏霞精舍）及當地一批紳商。

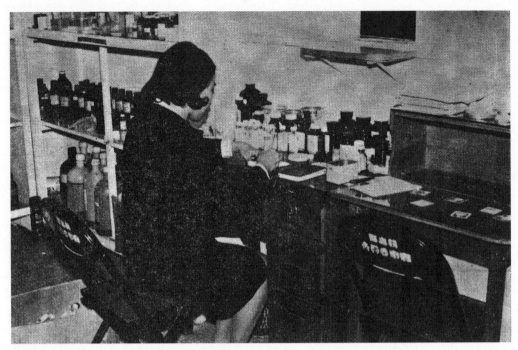

1972 年成立的粉嶺診療所內的配藥室。（轉載自《粉嶺診療所紀念特刊》，1972 年）

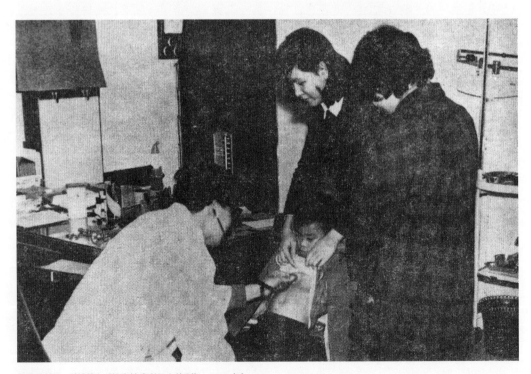

診症的情況。（轉載自《粉嶺診療所紀念特刊》，1972 年）

1965 年，聯和商會籌置會所碑記。

墟市的發展與變遷（下）

昔日所建的上居下舖的兩層建築物，在今天只有部分保留下來，很多已經拆掉並重建為多層大廈。墟市亦增設了眾多不同類型的商店如地產公司、私家診所、辦館、銀行、珠寶金行、服裝鞋店、護老院、超級市場等等，而舊型的粉嶺戲院亦改建為兩間小型戲院。在 1990 年代初，聯和置業公司更夥拍地產發展商將聯和新村（100 間單層樓房）收購並發展為兩幢多層住宅大廈及一大型商場。該商場不單照顧了聯和墟市內及來自沙頭角區的村民，它亦為鄰近的兩大屋苑（在 1996 年約有 2 萬 2 千多人）[15] 提供消閒購物的地方。

除了作為粉嶺及沙頭角區的貨物集散及消閒地方，聯和墟在 1980 年代開始成為外國旅客到訪的其中一站。由於當時全球經濟衰退，各國的旅遊業均承受了一定的打擊，例如在法國，出外旅遊人數減少了 30% 之多，而西德到外地的遠途旅遊人士亦下降了 12%[16]。當時香港政府為了吸引更多旅客到港，於是發展了一些暢遊新界鄉村及離島的觀光團[17]，而 1982 年旅遊協會於是嘗試開辦名為 "遨遊新界東北線" 的全日觀光團，暢遊大帽山、石崗、竹林禪院、聯和墟、鹿頸（可眺望中港邊境）等地。在推廣的首 6 個月，吸引了 1,500 名遊客。至 1996 年年底，累積超過 30 多萬遊客曾參加過這個觀光團，他們主要來自英國、美國及澳洲[18]。

香港旅遊協會的小冊子，這樣描述 / 介紹聯和墟這典型的舊式市場："1948 年建成（作者按：應該是 1951 年）。每天上午 10 時 30 分至中午 12 時最是繁忙。以前是鄉人聚會碰頭的地方。'聯和' 含有 '聯合'、'和睦' 的意思。售賣的貨品有食品，日常用品以至電器用品。市場上的中式公秤，客家婦女的穗邊黑帽及出售金魚、豆腐、紙料祭品、中草藥等的攤子，均有可觀之處。" 該觀光團全程約 6 小時，而其中 1 小時旅客將停留在聯和墟這個地方。市場上所販賣的（傳統）中國食物、物品、部分商販仍沿用的中式秤，以及數十年沒有太大改變的墟市場地等都是吸引外地遊客駐足之處。

聯和墟的另一個重大轉變，就是沿用了 30 多年的天光墟，於 1980 年代末期遷往附近耗資逾 300 萬元興建的農產批發場，它位於粉嶺的安居街，鄰近龍躍頭鄉，佔地 12,500 平方米，設施包括 1 個 3,600 平方米的擺賣場，上落貨區，辦公室及 1 個可容納 160 多輛貨車的停車場。無論在面積上、設備上、以及管理上，這個新批發場比舊有的天光墟更為完善和具規模。聯和墟的天光墟被政府的批發場（當地人仍稱之為天光墟）所取代，原因是該墟市因政府渠務改善工程影響而需要清拆。批發場的營業時間由清晨 2 時至上午 8 時為止，而在場內由公正人負責秤驗農產品的重量的經營權仍為聯和置業公司所管轄及批出。這個轉變，反映了昔日完全由私人經營管理的農產品販賣市場，開始納入政府的統籌架構之下（漁農處）來運作，意味著政府對該區的農產品批發販賣有

未拆卸前的聯和墟街市正面。

和豐百貨是聯和墟最早的一間售賣入口貨品的商戶，歷史超過 40 多年。

著更多的管理與配合。雖然昔日的天光墟已被另一個取代，但北區政務處出版的旅遊指南小冊子仍推介遷往新地點的天光墟："有興趣一睹傳統新界墟集風貌的遊人，可在清晨乘的士由粉嶺火車站經沙頭角公路轉入安居街直達天光墟。"[19] 可見天光墟雖曾搬遷，但農民擺賣的形式（以先到先得佔據位置）以及公秤的運作並未有所改變，其特色仍為政府當局推介。

踏入 1990 年代，聯和墟有蓋市場的清拆計劃亦提上了日程表，而新的街市將位於現今聯和墟街市的東北面的一幢住宅與市政設施混合樓宇，提供有空氣調節的街市及熟食中心。新街市設有 356 個攤檔，提供不同類型的貨品及食品。隨著新街市在 2002 年 7 月 1 日正式啟用，舊有的有蓋市場在該年的 9 月 26 日便停止使用，正式結束了長達 50 多年的歷史任務。由於新街市檔位是以公開競投形式招租，而編配競投事項的不是聯和置業公司而是食環署，再加上街市已歸入該署的管理之下，可見創辦及經營市場的聯和置業公司，正逐漸淡出作為該區的街市及農產品批發市場上的主導角色，取而代之的是政府的官僚組織。

結語

聯和墟是二次大戰後新界第一個最先興建、具規劃、現代化的有蓋墟市及多幢商住兩用建築發展工程。它的創立標誌著粉嶺這個地區的發展的里程碑，新界農業生產（由傳統的稻米種植急速改變為蔬菜種植）的變化，以及鄉村村落之間的經濟競賽。至於聯和墟繼後 50 年的發展及變化，透視了粉嶺地區及香港整體發展的軌跡。另外，聯和墟的創立、經營、以及管理方式，讓我們更進一步瞭解各鄉村之間的合作模式以及地方精英展示、獲得及運用權力的形態。

〔1〕《星島日報》，1951 年 3 月 20 日。

〔2〕李祈、經緯主編，《新界概覽》，新界出版社，1954 年，頁 149-150。

〔3〕Nicole Constable, *Christian Souls and Chinese Spirits: a Hakka Community in Hong Kong*, Berkeley: University of Calif. Press, 1994, p.177.

〔4〕Hugh Baker, *A Chinese Lineage Village : Sheung Shui* , Stanford: Stanford University Press, 1968, p.190.

〔5〕Edward Szczepanik, *The Economic Growth of Hong Kong*, London: Oxford University Press, 1958, pp.25-27.

〔6〕*The New Territories Administration Annual Report*, Hong Kong: Government Printer, 1960, p.21.

〔7〕同上，1946 年，頁 4。

〔8〕由於本文的資料搜集是在 1993 年進行，故以下所用的資料，亦以此年為限。

〔9〕Joseph, Esherick and Mary Rankin, *Chinese Local Elites and Patterns of Dominance*, California: California University Press, 1990.

〔10〕《星島日報》，1952 年 4 月 7 日。

〔11〕同註 10，1950 年 5 月 16 日。

〔12〕《粉嶺區鄉事委員會會所重修開幕特刊》，2001 年，頁 22。

〔13〕《粉嶺診療所紀念特刊》，1972 年。

〔14〕《新界年鑑》，新界民報，1989 年，頁 245。

〔15〕Hong Kong Government, *Hong Kong Annual Report,* Hong Kong: Government Printer, 1996, p.70.

〔16〕Hong Kong Tourist Association, *Annual Report*, 1982-1883, p.5.

〔17〕同上，頁 60。

〔18〕同上，1982-1996 年。

〔19〕《北區政務處旅遊指南》，1997 年，頁 19。

陳國成

陳國成

第七章

粉嶺圍彭氏宗族女性的財產權益*

本文以粉嶺圍彭氏宗族為例，掀示 20 至 21 世紀宗族女性的財產權益，闡釋家庭和宗族共有財產（即以祖、堂、會名義登記的信託資產／基金）並非男性專享的權利，展示了女性在中國傳統社會中有關財產權益的複雜關係。有關新界財產權益的文獻，重點有二。其一為繼承規則的法律或政治層面，特別提及性別平等或人權，對英國殖民管治下男性繼承權之合法性或非法性作出批判性分析。[1] 文獻的第二重點是關於宗族中男性繼承的規則和習俗。[2] 上述兩點顯示了新界女性由於受到中國習慣法的限制，所以無論在社會或法律層面上，她們都沒有繼承財產的權益。然而，本文指出這並不是現象的全貌。[3]

本文的研究案例顯示，女性繼承權益是一個複雜的現象。為了維護宗族聚落領域的完整，女性雖然被允許繼承原生家庭的財產，但僅限於土地，並不適用於村內房產（當地稱之為祖屋）。此外，本文為宗族女性的繼承權益提出另一解釋。透過呈現粉嶺圍彭氏宗族如何重新定義財產繼承人和受益人，以證明這種習俗在新界村落間並不常見。

彭氏的案例顯示，基於道德義務、責任或需要，在父權制度下女性能否繼承財產一直充滿爭議和協商的空間。換言之，宗族制度下的婦女財產權益不只基於個人決定或性別原則。這解釋了為何政府在 1994 年，基於對性別平等和人權的考量而修改《新界條例》，希望賦予女性繼承家庭財產的權利時，遭到彭氏及其他新界原居民抗議。

本文所引用的資料主要來自村民的訪談，以及 1990 年代末至 21 世紀初期由土地註冊處管有的彭氏宗族土地文件，包括 1905 年的集體官契和一些祖堂文件。

英國殖民管治時期的中國習俗

香港在 1842 年至 1997 年期間由英國統治。英國政府承諾保持中國的"良好習俗"和習慣，透過這種不干預政策，英國政府既可以大大降低行政支出，亦同時有助取得當地精英的支持。[4] 因此，既有的父權勢力得以延續，甚至變得更為鞏固。[5]

1898 年，英國頒佈《新界條例》第 13 條，規定在原訟法庭或區域法院所進行的任何有關新界土地的法律程序中，法庭有權認可並執行任何影響新界土地的中國習俗或傳統權益。這項法例旨在爭取本地村民，特別是那些後來與鄉議局有關的當地華人精英的合作。[6] 可見，這項政策讓繼承家產的權益變成男性專屬和制度化。鄉議局亦聲稱，該政策對維持新界原居民的生活穩定和福祉舉足輕重。由此觀之，英國的不干預政策迎合了華人男性精英的利益需求，持續剝奪女性的繼承權。[7]

彭氏宗族：歷史與風俗

彭族人口約有 3 千多人，包括現居海外者。按彭氏族譜記載，彭族在港的定居史可追溯至 13 世紀（即宋代時期）。在 1220 年，彭族用圍牆建立了由三個村莊所組成的聚落，其後在 1573 年建立了宗祠，作集體祭祀和解決紛爭之用。此外，彭族亦設立自衛隊保護宗族成員的生命和財產，並選出政治領袖為集體利益發聲。

顯而易見，這些本土的保安和政治組織仍然以性別導向，意味著男性主導了宗族的勢力，把女性排除在外。彭族的定居點處處稻田，而稻田也是彭族人賴以為生的資源。但隨著 1970 年代末興起的都市化，稻田逐漸被高樓大廈取代。城市發展和這些具有久遠歷史的宗族建築相映成趣，數百間大小不一的多層村屋，遍佈在百年圍牆的內外。

時至今日，彭族人不再務農為生，轉而投身各行各業。雖然他們仍然在俗稱的鄉村生活，但其生活方式已與普遍香港人無異。儘管生活方式有變，彭族仍然重視宗族的傳統，並積極參與由祖堂等共有財產收益資助的宗教儀式和活動。

根據 1905 年的土地記錄，粉嶺彭族擁有 445.15 英畝土地，其中 177.14 英畝（佔總體的 39.8%）登記在祖、堂或會的名下，而以個人名義登記的佔 268.01 英畝（60.2%）。在這些共有財產中，118 個屬於祖，8 個屬於堂，8 個屬於會（表一）。

彭族的每個共有財產都由一位司理和值理管理。司理一職由該財產成員選出，任期不定，而值理則由各房派人輪任。由於這類信託資產只交由男性成員管理，女性不能參與其中，當土地以祖、堂或會的名義登記時，土地業權便能永久保持完整，持續為成員提供經濟支援和延續祭祀功能，不會因經歷每代或數代的分產而變得支離破碎。如果一個彭族人沒有子嗣繼承財產、傳宗接代和祭祀先祖，一般來說，他可以過繼族內子姪或

表一　1905 年粉嶺彭族土地擁有權分佈

土地擁有者（物業數目）		持有英畝（佔總體比例）
祖（118）		
堂（8）	134	177.14（39.8%）
會（8）		
個人		268.01（60.2%）
總數		445.15（100%）

資料來源：1905 年集體官契

收養族外的孩子作為繼承人。這種習俗導致了族中女性失去了繼承家產的機會。

　　彭族的房屋有兩種不同類型，分別被賦予不同的社會意義和繼承方式。第一類稱為祖屋（意即祖先的房屋），指的是那些最早建在圍牆內的房屋。這些房屋主要樓高一層，以粘土磚建成，屋頂由瓷磚砌成。祖屋的中心一般會放置木製的祖宗牌位作供奉之用。時至今日，村裡一排排的祖屋約有 200 多間。自 1980 年代開始，這些祖屋經歷了重修或重建，變成了高三層半的水泥房屋，每間面積從 250 到 800 平方呎不等，並在一樓供奉著寫於紙上的歷代祖宗。由於祖屋象徵血脈相承，加上彭族人普遍相信祖屋的地理位置格局（風水）較好，透過下傳祖屋予男性子孫，可以保留這塊充滿福澤的土地和相關聯的身份認同。

　　第二類房屋稱為丁屋（意指男性的房屋），它是根據小型屋宇政策而建在圍牆外的房屋。香港政府於 1972 年推出該政策，規定每位男村民可以建造一座不高於 25 呎，每層面積不超過 700 平方呎的房屋。彭族人普遍指出，由於建造丁屋的土地並非祖傳，而且位於圍村之外，所以不一定要遵循祖屋的繼承習俗。因此，丁屋的買賣絕不會違反宗族傳統。[8] 以下段落所討論的村屋均為祖屋；而且，相關案例顯示了女性是不被允許繼承這類型財產的。

寡婦繼承的土地：習慣法權利和法律實踐

　　1905 年的土地紀錄中，有些土地是以彭族婦女的姓名註冊。受訪族中父老指出，註冊者多為寡婦。特別是在缺乏宗族和政府的財政援助下，這是無嗣的男性族人為了保障其遺孀和 / 或未婚女兒生活的權宜之策。[9] 土地記錄顯示，共有 4.51 英畝土地由九名寡婦擁有。這數字展示了兩個重點。首先，由男性繼承財產的做法並非不可改變和不能動搖。相反地，在特殊的情況下，女性是可以取得合法的繼承權益的。換言之，即使早在20世紀初，女性的財產權益也沒有完全受到否決。其次，在20世紀時出現了一個女性與財產關係的轉捩點。女性的財產權益從以前出於道德義務的特權（寡婦可以動用已故丈夫的財產維生，但法律上的擁有權維持不變），漸漸轉為接受以個人名義持有財產（突出寡婦可以繼承財產的合法權益）。[10]

那些寡婦當中，有兩位特別值得關注，分別是彭張氏和彭廖氏（兩人均為化名）。她們和兩兄弟結婚後並沒有生兒育女。因此，她們的無嗣丈夫作出了特別安排。土地記錄顯示，丈夫在生期間遺贈給妻子的土地數目，已足以讓她們在日後成為寡婦時，靠租金養活自己。彭張氏繼承了九塊土地（1.67英畝），而彭廖氏則繼承了十一塊（0.64英畝）。按粗略估計，當時擁有1.5英畝的土地，足以支持六名家庭成員的生活。[11]這顯示該兩名遺孀擁有的土地足夠維持她們的生計。在幾乎沒有社會福利的時代，土地所提供的財政供給和保護，對她們來說至關重要，令她們免於因為面對經濟壓力而選擇再婚。再者，在古代中國，守節不改嫁的寡婦，除本人受到歌頌外，她整個夫家和宗族的名聲也得以彰顯。[12]

因此，不難想像為何彭族同意這種做法。事實上，為寡婦提供財政支援和保護的例子，在中國有著悠久的歷史，最早的可追溯至12世紀。[13]從法律角度來看，那些由彭氏寡婦所繼承的土地，她們是擁有絕對的土地出讓權。然而，值得注意的是，這種合法性並不等同這就是宗族處理寡婦財產權的慣例做法。

年長被訪者指出，宗族鼓勵擁有土地的寡婦領養孩子，以此延續丈夫的繼嗣和財產的傳承。如此一來，土地最終會在遺孀死後轉移給丈夫近親管理，從而令宗族聚落完全由彭族擁有和管轄。這一做法規範了在宗族女性擁有土地的異常情況下，以男性利益為主的財產繼承方式仍得以維持和鞏固。土地記錄顯示，彭張氏遵循了宗族的建議，收養了繼子，不僅把自己田產傳給了他，還將無嗣的寡婦彭廖氏（彭張氏丈夫的兄弟的妻子）的土地也一併讓他承受。然而，彭張氏所收養的兒子，實際上並沒有得到全部土地。因為在1913年，彭張氏已將兩塊最大，屬於第一等級的土地賣給了外姓人。[14]這個時期，彭氏和其他華南地區的宗族一樣，沒有自由買賣土地的習俗。[15]他們有一項規管物業買賣的規則，就是若族人打算出售土地，必須先在族中放售，只有當無人問津時，才能售予族外人。這習俗同樣適用於女性的土地持有者。因此，該兩名遺孀的已故丈夫的宗族成員，對於售賣土地一事是知情的，換言之，土地是獲宗族批准售予族外人的。上述例子展示了兩項要點：第一，宗族認可已婚婦女擁有處理遺產的權利；第二，地政專員也認可此項交易，並使之合法化。

婦女作為財產的唯一受益人

按前文所述，彭族的共有財產是為了永久維持集體祭祀習俗和／或保障成員的福利而建立的。值得留意的是，祖可分為兩類。第一類是由宗族某房或分支創立，其成員數目眾多。第二類由個人或單一家庭因某特定原因所建立，成員數目很少。前者較為主流並廣受歡迎，而後者則較為罕見。這一章節將集中討論第二類的財產，揭示彭族婦女獲得繼承權的途徑，特別是以寡婦和女兒作為受益者的做法。

彭族有八個“祖”是為了那些丈夫或父親無嗣的婦女而建的，用以保障她們的生計和權益，是這些特有家產的唯一受益人。無嗣的彭族人主要透過這種途徑，防止其他族人侵佔其遺產。他們採用了信託形式，並委任其女性家庭成員為司理，使她們在繼承財產時擁有絕對的決定權。以下段落將討論一些婦女，她們並非扮演被動的代理角色，而是有掌握財產的實質權力，並使之合法化。她們主動把已故丈夫或兒子的財產轉為“祖”，然後委任自己為司理，例子有彭金華祖和彭雪球祖。彭金華卒於 1958 年，享年60 歲。在 1979 年，其妻將他的財產（兩塊土地和兩間村屋）轉以祖的名下管理，並指定自己是唯一的司理。她本來育有一兒，但在 1971 年，這名年僅 37 歲並且獨身的兒子逝世。由於他沒有兄弟，所以地政專員准許她作為兒子財產的唯一受益人。

在某些情況下，由於寡婦是丈夫家族中唯一的倖存者，所以成為了幾家財產的受益人。例如，彭廣穩在 1942 年 40 多歲時逝世，留下了妻子和女兒。多年後，在 1980 年，彭廣穩遺孀將其財產成立廣穩祖，並成為唯一的財產受益者。彭廣穩有兩兄弟，一個婚後無嗣，另一個單身，兩人在同年去世。族中父老認為彭廣穩的妻子是該兩兄弟的至親，也是唯一合法的財產繼承人。於是，她便繼承了四間村屋和一塊土地。

彭尚輝祖是另一例子。婚後無嗣的彭尚輝在 1967 年逝世，其妻彭李氏立即把他的遺產以彭尚輝祖的名義來管理，並成為該祖的唯一受益人。她丈夫的弟弟彭尚華，在 1936 年去世時仍然獨身，彭李氏便成為了以他名字命名的房產的合法繼承人。她獲得了兩位族中父老的支持，宣佈她是該家族的唯一倖存者。最終，她繼承了丈夫彭尚輝及其兄弟彭尚華的財產，包括一間村屋和一塊土地的全部擁有權（0.09 英畝），兩塊土地的三分之二擁有權（共 0.42 英畝）。

另一信託資產，是為彭尚輝和彭尚華的父系表親彭永發而設的。彭永發在 1943 年去世，留下妻子和一名女兒。此信託先由彭永發妻子管理，當她在 1978 年去世後，已婚女兒彭蓮清就成為該資產的唯一受益人，不但繼承了這兩塊土地剩餘的三分之一份額，還有七塊土地（共 0.29 英畝）和兩間村屋。

上述案例清楚地展示了彭族女性如何成功地以信託方式繼承丈夫／父親的財產。她們的這種行為不但為宗族所接受，而且也因 1905 年的《新界條例》變得合法化，因為該條例規定，司理擁有絕對的權力處置財產。以上的彭氏例子糾正了目前宗族研究的理論性假設，即寡婦和女兒的財產繼承權受到邊緣化的説法。

爭議和調停

值得留意的是，婦女在繼承無嗣丈夫 / 父親的財產後，仍然有機會受到部分男性宗族成員的質疑。有族人認為，這種不按常規的繼承做法會影響到宗族的集體利益，前文提及的彭蓮清就是一例。在 1978 年母親去世後，彭蓮清繼承了彭永發祖的司理一職。當時，由於她身在國外工作，未能親身處理她所繼承的財產，故授權居於村內的姪子代為處理她的申請。在遞交給地政專員的授權書中，彭蓮清表示，如果繼承人資格申請獲得通過，她會把父親的兩間村屋贈送給姪子。這一安排展示了她作為一外嫁女，非常理解和默認父系繼承的霸權主義，因此，宗族只允許她承繼土地而不是房屋，藉此維護宗族村落領土的完整性及其相關身份。這也解釋了為甚麼她授權姪子來處理她的繼承權，並承諾給他具吸引力的報酬。

然而，當寡婦彭李氏（即彭尚輝祖和彭尚華祖的房產司理）得知此事時，便向村代表投訴，與此同時告知地政專員，她是彭永發財產的唯一合法繼承人。她擔心如果允許了彭蓮清管理彭永發祖，將會侵害彭李氏和彭族的利益。數年後，在村代表的幫助下，兩位婦女達成協議，有關土地將由彭蓮清繼承，而兩間村屋則由彭李氏繼承。村代表指出，根據習俗，在譜系中與死者最親的人才能繼承村屋，故此，彭尚華和彭尚輝才是合法的繼承人。但由於兩人死時無嗣，而財產已交由彭李氏管理，因此她有權繼承彭永發的兩間村屋。在這種情況下，土地和房屋的轉讓不再遵從相同的原則，這意味著男性獨享的繼承規則只適用於房屋的轉讓。有人指出這與彭蓮清的婚姻狀況有關，事實上，這確實影響了她繼承自己原生家庭的財產，但這只限於繼承村屋，而非土地。

另一個可能的解釋是根據宋隆生的論點為基礎。[16] 宋氏在台灣研究家產分配和繼承權時提出了 "繼承財產" 和 "所得財產" 這兩個分類。前者指從祖先繼承的財產，而後者指的是通過家庭成員努力而獲得的財產。宋氏指出，"繼承財產" 允許男性子孫履行傳宗接代的責任，也就是只有系譜上的男性成員才有權繼承該財產。相反，所有家庭成員（包括女性）都共同享有 "所得財產" 的權利。如果把宋氏的論點應用在彭蓮清的個案上，得到的結論是，彭蓮清所繼承的土地是屬於 "所得財產"，而房屋則屬於 "繼承財產"。這正正解釋了為甚麼村民允許彭蓮清繼承土地而不是村屋。然而，這個結論有兩大缺陷。首先，從理論上來説，要明確的區分 "繼承財產" 和 "所得財產" 甚為困難。在彭蓮清的個案中，我們無從得知彭永發用來買地或房屋（或兩者）的錢究竟是通過共同努力所得的，還是從祖先那裡繼承的。第二，據被訪者所言，舊時的土地和房屋都是沿著男性譜系傳承下來，其目的是為了延續家族和崇拜祖先，直到永遠。筆者認為上述的繼承安排，可視為二次大戰後香港土地和房屋在社經價值上發生變化的產物。

在種植稻米時期（主要在 1960 年代以前），土地對於男性譜系的後代而言，是彌足珍貴的資源。它不僅是維持生計之本，也是延續父系血脈的基石。追溯至 1950 年代，按當時記載，新界有超過 80% 的土地都用以種植大米。[17] 一些彭氏父老憶述，由於稻米的收成不穩定（受天氣因素影響），加上很多家庭都沒有足夠的耕地，當時的生活十分艱苦。儘管如此，他們並沒有其他選擇可以確保或改善生計。在這種情況下，將土地轉讓給兒子是合理的做法。兒子通常婚後留守在村，為家庭延續香燈和維持祭祀（包括家庭和宗族），而不是那些會外嫁和依靠丈夫的女兒。因此，專屬彭氏男性族人的土地所有權是構成和維繫宗族聚落領土完整的重要因素。

但是，在 1950 年代以後，新界土地由種稻米改為種菜的面積大幅增加。[18] 舉例來說，當時很多在粉嶺備有良好供水的土地都租給了移民來種菜。[19] 這些移民主要來自南海、番禺、順德、東莞，而當地都有著悠久的種菜歷史。自 1949 年，他們出於對當時掌權的共產黨感到害怕而逃到香港，[20] 大多數定居新界農村，透過向原居民租用土地來種植蔬菜謀生。在短時間內，這顯著地改變了新界的用地模式。然而，包括彭族在內的原居民大都沒有轉為種植蔬菜，原因有二。一，通過租賃土地給種植蔬菜的租戶，他們可以賺取比種米更多的收入；[21] 二，許多村民移至香港市區或海外如英國、比利時、荷蘭等地工作，可以獲取更豐厚的薪酬。[22]

時移勢易，越來越多彭族人轉投職場，以賺取穩定及較高的收入，而非依靠微薄的農地租金維生。故此，土地對於彭族人而言，那種賴以生存的經濟意義大大下降了。此外，自 1970 年代起，彭族土地所有權的轉變，為宗族聚落的邊界帶來了重大的變化，原因有二。其一是政府因發展而大量徵地；[23] 其二，彭族人為了賺取利潤而出售土地，以致土地逐漸減少。由於他們不再依賴農業維生，出售土地不會危及生計，所以大多願意或熱衷出售土地。相對而言，出售土地的收益使他們有能力負擔高素質的生活。然而，這種經濟為本的做法，並不適用於圍牆內的祖屋（即祖先的房屋）。兩大主要原因如下：首先，彭族人至今仍相信祖屋有著重要的象徵意義和社會功能，即通過它們來延續父系血脈，和發揮慎終追遠的作用。故此，每間房子都設有祖先牌位。在家庭層面上來說，每間祖屋都設有祭壇和祖先牌位，擔任著祭祖儀式中心的角色。儘管家庭成員婚後通常不再同住，但透過祖屋就可以回溯及維持彼此的聯繫。在宗族層面上來說，全個聚落的祖屋象徵性地構成了一個屬於彭氏集體的神聖空間。故此，將這類型的房產完全保留由彭氏男性繼承，對於維護宗族聚落的完整性是非常重要的。時至今日，雖然有很多族外人租用這些房屋，但他們卻無法獲得如科大衛（David Faure）所說的定住權（settlement right），[24] 因為定住權是用以界定宗族成員身份的標準之一。其次，所有的祖屋都坐落於風水福地上，彭族人相信這可以帶給他們幸運和庇佑。因此，族人恪守祖屋必須由男性繼承的嚴格規定，以防止外人分享或侵犯這風水據點。彭氏族譜記載，彭族始祖彭桂曾照顧一名遭附近另一宗族冷待的風水師。後來，該風水師為了報答彭桂，於是建議他在現今粉嶺圍建村，有利子孫繁衍。多年來，彭族人口眾多，因此粉嶺圍不僅僅是一個聚落群體，同時標示著彭族的歷史和宗族繁衍。

雖然祖屋不允許轉移給外人，但從 1980 年代起，在新界鄉村的住屋需求大幅增長的情況下，許多村民出租了祖屋。回想二次大戰後，1949 年起中國政治不穩，大量內地人口湧入香港，加上本地出生率上升，加劇了香港的城市住房短缺。為了舒緩住屋擠迫的問題，政府不但提供了廉價的公屋，而且開始在新界興建新市鎮。[25] 由於房屋需求仍然旺盛，供不應求，直至 1980 年代，私人樓市開始蓬勃發展。鑑於新界村屋的租金低於市區住宅，加上粉嶺圍靠近火車站和公路，鄰近還有大型購物中心、游泳池、運動場、醫院、公園，因此有不少城市人士願意租住。結果，許多彭族人出租村屋來獲取可觀的收入，而他們均認為這種租賃方式並不會改變他們對祖屋的合法所有權，亦不會侵犯或損害了宗族利益和核心價值。所以，我們明白為甚麼彭族允許已婚女性（如彭蓮清個案）繼承她父親的土地，但卻堅持要求兩祖屋必須由村中的寡婦（彭李氏）託管。

按照習俗，當彭李氏去世後，房屋將會轉移到她的養子名下，或者如果丈夫的家族有近親，就會由他來承繼。有見於此，彭李氏在 1983 年收養了一個兒子，透過這種做法，她就能擁有繼承財產的合法權利，並且為已故丈夫的家族延續香燈和祭祀。由於彭族接納了彭蓮清繼承她父親土地的要求，這意味著她擁有出售該土地的權利，從 1986 年她成功向族外人出售土地一例可見。[26]

然而，當族中女性試圖出售村屋時，這種轉移房產的做法就得不到允許。上述彭廣穩個案即其一例。他的遺孀曾是彭廣穩祖的唯一受益人和司理，1985 年，她申請出售一村屋。當族人知悉後，村代表便向地政專員表示，因買家身份不明而需擱置申請。他們認為，按照習俗，將村屋轉移給外人是不能接受的，其理由是要維護彭族聚落的完整性。數月後，村代表得知買方是同族人才撤回反對意見。

共有財產分紅權益

無可否認，在彭族中能夠繼承無嗣丈夫／父親財產的婦女是屬於少數。大多數彭族的未婚女兒和已婚婦女，都不是父親或丈夫家族的共有財產成員，也沒有管理這類財產的權利。有趣的是，儘管如此，她們卻與兄弟或丈夫享有分享其收益的平等地位。無疑，這是一個異常的分配。[27] 事實上，不少新界宗族研究指出，在父權制度下，宗族婦女一向被認為是臨時或短暫的成員，因此不會獲得家庭和宗族財產份額。[28] 但是，此論點或假設並不適用於彭族。彭族的例子證明這種做法是被認可的，這似乎是新界宗族村落的異常現象，特別是當中女性人數媲美甚至超越男性時（見表二）。

表二：1990 年代中彭氏祖堂的性別比例

名稱	男性人數	女性人數	總數
懷隱祖	143	133	276
松山祖	243	251	494
瑞鰲祖	156	150	306
東湖祖	284	288	572
富隱祖	116	121	237

資料來源：作者感謝陳蒨教授分享以上資料。

本節將深入探究彭族對共有財產成員和受益人的定義，並分析這些對於族中婦女享有共有財產的權利是否合法化。

彤繼堂的帳簿顯示，以 1942 年為例，堂內的 424 名男子及女性共獲得 878 港元。在 1980 和 1990 年代，該堂成員收到因將土地出售予私人發展商或交予政府發展的現金補償，利潤多以百萬元計。又例如綸伭祖在 1983 年收到了政府 500 萬港元現金賠償，部分用作祭祀，其餘的則分配予該祖的成員及其女性家庭成員，即未婚女兒和已婚婦女。分配方法有兩種：按個人計算或以每戶計算。這兩種做法在新界宗族是常見的，[29] 但彭族有其獨特的做法和解釋。首先，若現金是根據每戶分配時，家中最年幼的兒子（不論已婚與否）將不會獲得任何份額（因為當父親過身後，其份額將由他承繼）。其次，未婚和已婚婦女所收到的現金紅利份額與其兄弟或丈夫是同等的。在此處本文只關注後者的做法。

陳蒨提出，彭族人竄改了“親”這概念來合理化他們的分配方式。[30] 她認為“親”被他們解釋為雙邊關係中產生的血緣和感情關係。因此，未婚女兒／已婚婦女分別與父親／丈夫密切相關，這使她們享有分配家庭財產的權益。筆者同意陳蒨的觀點，但嘗試提供另一解釋，說明這分配方式揭示了彭族人對共有財產成員及共有財產成員受益人有著不同的理解。

在彭族中，共有財產成員的資格是來自父親為兒子進行“點燈”的儀式而獲得認可。由於女兒被排除在這個儀式之外，因此她們被剝奪了管理這類型財產，以及參與其相關的祭祀活動的權利。縱然如此，彭族人仍決定給予女性家庭成員享有財產的現金紅利分配權益，這表明了他們區分了財產成員和財產受益人這兩個概念，意即所有的共有財產成員都是受益人，但反之卻不然。換句話説，彭族人對受益人的定義不僅限於財產成員，還通過其血脈延伸到妻子和未婚女兒。因此，未婚女子和已婚婦女也因與父親／丈夫的關係而獲得分紅。但女兒婚後則喪失了這權益，這是因為，正如一些彭族父老所説，女兒一旦結婚就成為了丈夫家庭的一份子，就不再享有原生家庭裡的權益了。要注意的是，當女村民們享有這權益時，她們也有責任為打醮這大型宗教活動作出財政捐助。例如，同協堂帳簿記錄了 1920 年、1930 年和 1940 年該堂的男女均支付了這個活動的獻金。亦因如此，在打醮的其中一個儀式——發送關文，所有男女村民（包括未婚和已婚婦女）的名字都會寫在一卷紅紙上，由喃嘸師傅頌經焚燒，寓意送達天庭，祈求神靈保護。只有當女性族人已婚，她們的捐款才不再是義務性的，亦因此她們的名字也不會出現在關文上。這正正顯示了已婚女兒已不再是原生家庭的成員了。

對繼承法修改的反應

如上所述，1905 年《新界條例》在維護和加強宗族傳統父系繼承權方面發揮了至關重要的作用。但是，在 1994 年，政府修改了這個條例，允許女兒以兩性平等和人權為理由繼承父親的財產。[31] 在修正案通過前，彭族人積極參加由鄉議局舉辦的一系列會議和示威活動，認為這項修正案會摧毀新界宗族的傳統習俗，衝擊宗族的完整性。例如，1994 年 5 月初，約 30 名彭族人出席了粉嶺鄉事委員會會議，討論未來的策略。[32] 幾天後，再有百多名彭族人參加了一個大型示威活動，當中包括新界 27 個村莊和離島的 7 千多名村民，一起前往中區政府辦事處表示反對修正案。1994 年 6 月，儘管原居民強烈反對，修正案仍獲得通過。不久，鄉議局公開聲明反對，並準備起訴政府摧毀新界原居民的習俗和傳統。[33] 為此，彭族捐出了約 6 萬港元支持該法律行動。

期間，筆者訪問了多位彭族村民，他們均表達了一個共同觀點：由於女兒在結婚時以嫁妝形式繼承了父親的財產，所以她們的承繼權沒有被剝奪。這就是 Jack Goody 所説的"分歧傳承"。[34] 許多研究顯示，即使在婚後，女性也不會跟原生家庭斷絕所有關係。[35] 事實上，其中一位父老告訴筆者，他已婚的女兒一直和他及妻子保持聯繫，並在需要的時候要求他們提供經濟援助。因此，很多村民同意只允許兒子繼承祖屋是公平的。另外，還有一些村民指出，當一名男性族人去世時，他的妻子和未婚女兒雖然不是合法的承繼人，但她們仍被允許繼續住在家裡，並出租部分樓層以佐生計。根據習俗，只有在寡婦死亡及女兒結婚後，這個房子才會被死者最親的男性親屬繼承，這使得寡婦和未婚女兒仍享受到丈夫／父親財產所衍生的利益及保障，但同時又能確保彭氏宗族聚落的完整性。

在實地考察之前，筆者假設受過高等教育的彭族人會擁有更"開放"的觀點，甚至認同女性繼承權，但調查結果顯示情況並非如此。男性族人普遍認為，男性繼承房產的傳統對於維護彭氏宗族至關重要，所以每個人都應該遵守。這種對於財產承傳的霸權觀念，在日常生活中由宗族成員塑造而成，並且通過社教化將之確立或內化為一種必須恪守的傳統。這種信念得到 1905 年《新界條例》和鄉議局作為代表和捍衛原居民權益的雙重作用下得以合理化。[36] 結果，這種文化霸權，一種具凝聚力和權威性的思想、話語和習俗，有意無意地影響了一代又一代人。此外，一位受訪的已婚婦女也跟丈夫分享了這一看法。他們都同意，男性繼承祖屋是保持宗族血脈統一的重要途徑，他們對父系繼承的立場與宗族社區中父權主義的話語互相協調。在這種情況下，族中只有少數人支持女性繼承權。

事實上，在這個問題上，只有幾位彭族女性對此有不同的看法。例如一名年輕未婚的女村民表示，她支持這項修正案，不僅是基於兩性平等的觀念，更因為她的父母沒有子嗣。她宣稱，在這種情況下，如果她父親的房子被一個所謂最親的，但卻素不相識的親戚繼承是不合理的。然而，即便這女受訪者對女性繼承權表示支持，她卻從未為此參與任何抗爭活動。她進一步解釋，在這個具爭議的時期，她不想讓族人注意到她的家庭情況。另一名未婚女村民也贊同性別平等的論述，支持族中女性獲得繼承權。儘管如此，為了不想跟思想傳統的父親和兄弟產生衝突，她從未嘗試要求平分家產。換言之，她願意放棄財產權，以換取與族人和父系繼承人的和諧關係。因此，這種做法間接地合理化了男性獨享祖屋的繼承權益，令此一習俗變得更理所當然。雖然《新界條例》已修訂多年，可是卻沒有彭氏女性利用它為繼承父親的祖屋提出申訴。這清楚地表明，大多數彭族人，不論男女，仍然一致支持男性後裔繼承財產才是"正規的程序"，以及一脈相承的重要性。

結論

本文展示了雖然父系繼承是一種根深蒂固的宗族傳統，但彭族女性仍然擁有繼承家產和享有公有財產收益的權利。第一，無子嗣的家庭獲准建房，使遺孀和女兒成為唯一受益者，藉以保障她們在丈夫 / 父親去世後仍能夠維持生計。第二，彭族人改變了對共有財產有關成員和受益人的定義，賦予女村民與其丈夫或兄弟享有平等地位，從而獲得現金或分紅收益。第三，宗族男性主宰和控制了宗族聚落 / 領土邊界，以及家庭財產的轉移方式，其中包括由丈夫轉移給妻子或父親轉移給女兒，還涉及對外出售土地和房屋的繼承習俗。故此，那些位於粉嶺圍內的祖屋，仍被普遍認為是維持宗族血緣群體，以及其相關的身份認同的重要元素。換言之，祖屋必須順著男性血脈來承傳。對於其他類型的財產，如祖堂的現金收入和補償，由於不具備上述社會或象徵意義，可以由當時的人酌情決定轉讓/贈予/分配給女性。

　　彭族是新界歷史最悠久的單姓宗族之一，與其他的宗族在結構、文化傳統和習俗方面均十分相似。筆者認為，在一些情況下，其他宗族也會有與彭族一樣的想法和策略，使得婦女的財產權在族中獲得認可和合法化，其底線是這特殊做法不會侵害宗族的集體利益。總括而言，宗族女性的財產權益不是一成不變，而是情境性的（situational），在不同或不斷變化的情況下由所屬利益群體進行協商而達成。

註 釋

＊ 本文英文原文刊於 *Modern China* 期刊［2013，39 (1) :101-128］。作者感謝 Sage 出版社允許將該文章翻譯為中文亞修改出版。本文由黃海盈初譯，作者校譯及修訂。

〔1〕 參看 Eliza Chan,"Jyuht Fohng Neuih: Female Inheritance and Affection" in Grant Evans and Maria Tam (eds.), *Hong Kong: The Anthropology of a Chinese Metropolis*, United Kingdom: Curzon Press, 1997, pp. 174-197; Carol Jones, "The New Territories Inheritance Law: Colonialization and the Elites" in Veronica Pearson and Benjamin Leung (ed.), *Women in Hong Kong*, Hong Kong: Oxford University Press, 1995, pp. 167-192; Sally Merry and Rachel Stern, "The Female Inheritance Movement in Hong Kong", *Current Anthropology,* 46(3), 2005, pp.387-409; Irene Tong, "Re-inheriting women in decolonizing Hong Kong" in M. Bystydzienski and Joti Sekhon (eds), *Democratization and women's grassroots movements*, Bloomington: Indiana University Press, 1999, pp.49-66. 它們檢討了 1994 年在香港的女性繼承運動，揭示不同婦女團體如何表達自己的權利，並要求通過法例使其合法化。

〔2〕 參看 Hugh Baker, *A Chinese lineage Village: Sheung Shui*, Stanford: Stanford University Press, 1968, p.50; Selina Chan, "Negotiating Tradition: Customary Succession in the New Territories of Hong Kong" in Grant Evans and Maria Tam (eds.), *Hong Kong: The Anthropology of a Chinese Metropolis*, United Kingdom: Curzon Press, 1997, pp. 151-173; Selina Chan, "Questioning the Patriarchal Inheritance Model in Hong Kong: Daughters, Sons and the Colonial Government", *Berlin China Journal*, 24, 2003, pp. 66-75; Maurice Freedman, *Chinese Lineage and Society: Fukien and Kwangtung*, London: Athlone Press, 1966, p.55; Patrick Hase, "The Clan and the Customary Law: Tso and Tong in the New Territories", *Nagoya University Journal of Law and Politics,* 182(1), 2000, p. 211; Jack Potter, *Capitalism and the Chinese Peasant: Social and Economic Change in a Hong Kong Village*, Berkeley: University of California Press, 1968, pp.95-122; Rubie Watson, *Inequality among Brothers: Class and Kinship in South China*, Cambridge: Cambridge University Press, 1985, p.107; James Watson, "Of Flesh and Bones: The Management of Death Pollution in Cantonese Society" in Maurice Bloch and Jonathan Parry (eds.), *Death and the Regeneration of Life*, Cambridge: Cambridge University Press,1982, pp. 155-185. 在中國研究中，有些學者認為給女兒的嫁妝是另一種財產繼承形式，參看 Chen Chung Min, "Dowry and Inheritance" in Hsieh Jih-Chang and Chuang Ying-Change (eds.), *The Chinese Family and Its Ritual Behavior*, Taiwan: Institute of Ethnology, Academia Sinica, 1985, pp. 117-127; Fei Hsiao Tug and Chang Chih I, *Earthbound China*, London: Routledge and Kegan Paul Limited, 1948; Jack Goody, *The Oriental, The Ancient and the Primitive*, Cambridge: Cambridge University Press, 1990; Sung Lung Sheng, "Property and Family Division" in Emily M. Ahern and Hill Gates (eds.), *The Anthropology of Taiwanese Society*, Stanford: Stanford University Press, 1981, p. 366. 另外，一些研究提出，除了控制嫁妝外，中國社會的婦女在家庭中的財產權是非常有限的。參看 Myron Cohen, *House United, House Divided*, New York and London: Columbia University Press, 1976; Jack Goody, 同上 ; Rubie Watson, "Women's Property in Republican China: Rights and Practice", *Republican China*, 10(1a), 1984, pp.1-12.

〔3〕 近十多年來，人類學和社會學越來越多討論婦女在鄉村的地位和權利。例如，張少強研究婦女在宗族組織中的社會及政治秩序裡扮演著挑撥離間的角色。參看 Cheung Siu Keung, *Gender and Community under British Colonialism: Emotion, Struggle, and Politics in a Chinese Village*, New York: Routledge, 2007.

〔4〕 持續到 20 世紀的妹仔和妾侍習俗，是英國不干預傳統做法的兩個例子。它們被華人精英份子捍衛為合法的習俗。詳情見 Suzanne Miers, "Mui Tsai through the Eyes of the Victim: Janet Lim's Story of Bondage and Escape" in Maria Jaschok and Suzanne Miers (eds.), *Women and Chinese Patriarchy: Submission, Servitude and Escape*, Hong Kong: Hong Kong University Press, 1994, pp.108-120; Maria Jaschok and Suzanne Miers, "Women in the Chinese Patriarchal System: Submission, Servitude, Escape and Collusion", 同上 , pp.1-24; Rubie Watson, "Wives, Concubines, and Maids: Servitude and Kinship in the Hong Kong Region, 1900-1940" in Rubie Watson and Patricia Ebrey (eds.), *Marriage and Inequality in Chinese Society*, California: University of California Press, 1991, pp. 231-255.

〔5〕 Carol Jones, "The New Territories Inheritance Law: Colonialization and the Elites", 1995.

〔6〕 鄉議局成立於 1926 年，代表新界原居民。根據鄉議局條例，1959 年頒佈的香港法律第 1097 章，鄉議局成為香港政府的法定諮詢機構。

〔7〕 一些研究提出，這種不干預的殖民政策的主要影響，是比以往任何時候都更嚴格遵守中國的法律和習俗，並把它們推到了理想化的形式。H. Nelson, "British Land Administration in the New Territories of Hong Kong, and its Effects on Chinese Social Organization", paper presented at the London-Cornell Project for East and Southeast Asian Studies, 1969; Huang Shu Min, "Impacts of British Colonial Administration on Hong Kong's Land Tenure System", pp. 3-21 in Chioa Chien, Hsieh Jiann and Zee Yun-yan (eds.), *The special issue on anthropological studies of China*, New Asia Academic Bulletin, 6, 1986. 但與此相反，陳奕麟（Allen Chun）認為，政府無意中引入了具系統性的微妙變化，並使現有的秩序（人為構建）最終被混淆成為既有的本地傳統。換句話說，現有的當地習俗是由殖民地政府將之重新修復，然後再次對村民重新施行。參看 Allen Chun, "Policing Society: The Rational Practice of British Colonial Land Administration in the New Territories of Hong Kong c.1900", *Journal of Historical Sociology*, 3(4), 1990, p. 402.

〔8〕 Chan Kwok Shing, "Negotiating the Transfer Practice of Housing in a Chinese Village", *Journal of the Hong Kong Branch of the Royal Asiatic Society,* 37, 1998, pp. 63-80.

〔9〕 劉王惠箴（Liu Hui Chen Wang）也發現，在傳統的中國，只有少數宗族規定對經濟有需要的寡婦提供援助。參看 *The Traditional Chinese Clan Rules*, New York: J.J. Augustin, 1959, pp. 91-92.

〔10〕 感謝 Rubie Watson（華若璧）指出這個變化。

〔11〕 Chan Kwok Shing, *The Dynamics of Patrilineal Descent: Property Transfer in a Chinese Lineage Village*. Master thesis, Hong Kong University of Science and Technology, 1996, pp. 18-20.

〔12〕 Ann Waltner, "Widows and Remarriage in Ming and Early Qing China", *Historical Reflections* (Spring), 1981, pp. 129-146.

〔13〕 Kathryn Bernhardt, "The Inheritance Rights of Daughters: The Song Anomaly?", *Modern China,* 21 (3), 1995, pp. 269-309; *Women and Property in China, 960-1949*, Stanford: Stanford University Press, 1999; Bettine Birge, *Women, Property, and Confucian Reaction in Sung and Yüan China (960-1368)*, Cambridge: Cambridge University Press, 2002; Jerry Dennerline, "Marriage, Adoption, and Charity in the Development of Lineages in Wu-hsi from Sung to Ch'ing" in Patricia Ebrey and James Watson (eds), *Kinship Organization in Late Imperial China, 1000-1940*, Berkeley and Los Angeles: University of California Press,1986.

〔14〕 在英國殖民制度下，農地分為三等級。第一等級是位於鄉村附近的山谷，擁有肥沃的土壤和良好的供水，每年可收割兩次稻米。第二等級土地較不肥沃，一般位於較高山坡上。由於供水比上一等級較差，每年只收割一次稻米。第三等級土地位於較陡峭和較高的山坡上，常用於種植花生、蕃薯、小米和其他耐寒、不太需要水分的農作物。

〔15〕 *Hong Kong Government Gazette*, "Memorandum on Land", 1900; Maurice Freedman, *Lineage Organization in Southeastern China*, London: Athlone Press, 1958; Woon Yuen Foong, *Social Organization in South China, 1911-1949: The Case of the Kuan Lineage in Kai-ping County*, Ann Arbor: Center for Chinese Studies, University of Michigan, 1984, p.28; 84.

〔16〕 Sung Lung Sheng, "Property and Family Division", 1981, pp. 364-367.

〔17〕 C. T. Wong, "Uses of Agricultural Land: Some Changes in New Territories Farming Patterns" in D. J. Dwyer (ed.), *Changing Face of Hong Kong*, Hong Kong: Ye Olde Printerie Limited, 1971, p.17; Thomas Tregear, *A Survey of Land Use in Hong Kong and the New Territories*, Hong Kong: Hong Kong University Press, 1958, p.12.

〔18〕 例如，用於種植稻米的土地從 1954 年的 20,191 英畝降至 1961 年的 16,796 英畝，而用於種植蔬菜的土地則從 1954 年的 2,254 英畝劇增至 1961 年的 6,172 英畝。參看 C. T. Wong, "Uses of Agricultural Land: Some Changes in New Territories Farming Patterns", 1971, pp. 17-35.

〔19〕 C. T. Wong, 同上 , p. 17.

〔20〕 Edward Szczepanik 估計，香港在 1954 年的人口約 200 萬。1955-56 年間，中國大約有 14 萬移民湧入香港。參看 *The Economic Growth of Hong Kong*, London: Oxford University Press, 1958, pp. 25-27.

〔21〕 Chan Kwok Shing, "The Making of a Market Town in Rural Hong Kong", in Lee Pui-tak (ed.), *Colonial Hong Kong and Modern China: Interactions and Reintegration*, Hong Kong: Hong Kong University Press, 2005, pp. 80-101.

〔22〕 參看 Chan Kwok Shing, *A Localized Culture of Welfare : Entitlements, Stratification, and Identity in a Chinese Lineage Village*, Lanham: Lexington Books, 2012; James Watson, *Emigration and the Chinese Lineage: The Mans in Hong Kong and London*, Berkeley and Los Angeles: University of California Press,1975.

〔23〕 1970 年代末，政府開始將粉嶺和上水發展成新市鎮，重新安置不斷增長的城市人口。這個新市鎮佔地約 780 公頃。1982 年，政府又收回了 13 公頃的彭族土地來興建公園，為粉嶺和上水的居民提供休閒空間。此外，開發了距離粉嶺圍約步行十多分鐘的粉嶺工業村。因此，從 1970 年代初至 1990 年代初期，政府為這個新市鎮項目徵收了超過 500 公頃土地。參看 Hong Kong Government, *Hong Kong*, Hong Kong: Government Printer, 1984, p.132; 1985, p.183; 1994, p. 208.

〔24〕 *The Structure of Chinese Rural Society: Lineage and Village in the Eastern New Territories, Hong Kong*, Hong Kong: Oxford University Press, 1986.

〔25〕 正如 Jones 指出，直至 1981 年，香港有近 500 萬人口，當中近四分之一居住於荃灣、沙田和屯門等新市鎮。參看 Catherine Jones, *Promoting Prosperity: The Hong Kong Way of Social Policy*, Hong Kong: The Chinese University Press, 1990.

〔26〕 彭族沒有禁止寡婦出售乙種換地權益書（Letter B）來獲利。在 1960 年代，香港政府開始在新界徵地發展，受影響的業主可以選擇現金補償或以其他地區的土地作交換，交換條件是五平方呎的農地可換成兩平方呎的建屋用地。當業主選擇土地交換時，他們將收到一封名為乙種換地權益書的信件。

〔27〕 正如許舒（James Hayes）指出，新界很少宗族鄉村採取此做法。參看 James Hayes, "Chinese Customary Law in the New Territories of Hong Kong", in *Proceedings of the Ninth International Symposium on Asian Studies*, Hong Kong: Asian Research Institute, 1988, pp. 455-476.

〔28〕 Hugh Baker, *A Chinese Lineage Village: Sheung Shui*, 1968; Maurie Freedman, *Chinese Lineage and Society: Fukien and Kwangtung*, 1966; Rubie Watson, *Inequality among Brothers: Class and Kinship in South China*, 1985, p.135.

〔29〕Maurie Freedman, 同上；Jack Potter, *Capitalism and the Chinese Peasant: Social and Economic Change in a Hong Kong Village*, 1968; Rubie Watson, 同上。

〔30〕Selina Chan, "Negotiating Tradition: Customary Succession in the New Territories of Hong Kong", 1997, pp.157-160.

〔31〕關於此問題的詳細討論，參看 Selina Chan, 同上；Carol Jones, "The New Territories Inheritance Law: Colonialization and the Elites", 1995; Sally Merry and Rachel Stern, "The Female Inheritance Movement in Hong Kong", 2005.

〔32〕《北區星報》，1994 年 5 月 1 日。

〔33〕同上，1994 年 7 月 1 日。

〔34〕*The Oriental, The Ancient and the Primitive*, 1990, p.2.

〔35〕參看 Eliza Chan, "Jyuht Fohng Neuih: Female Inheritance and Affection", 1997; Jack Goody, 同上，p.55; Judd Ellen, "Nianjia: Chinese Women and Their Natal Families", *The Journal of Asian Studies,* 48, 1989, pp. 525-544.

〔36〕Selina Chan, "Politicizing Tradition: The Identity of Indigenous Inhabitants in Hong Kong", *Ethnology,* 37(1), 1998, pp. 39-54; "Questioning the Patriarchal Inheritance Model in Hong Kong: Daughters, Sons and the Colonial Government", 2003; Allen Chun, "La Terra Trema: The Crisis of Kinship and Community in the New Territories of Hong Kong Before and After the Great Transformation", *Dialectical Anthropology,* 16, 1991, pp. 309-329.

陳國成

粉嶺的文物、風俗與建築

位於新界東北部的粉嶺，雖然所佔面積不大，但已有歷史悠久的鄧族及彭族在這裡開闢及發展。踏入 20 世紀初，粉嶺亦是南來的道侶、信奉基督的客家人的定居地。他們的出現及發展，豐富了粉嶺的歷史、建築、以及多姿多彩的信仰及儀式。

粉嶺圍三聖宮及太平洪朝

位於上水馬會道、靠近粉嶺北圍的三聖宮，是當地彭族聚落創立時所建的。廟內供奉北帝、文昌帝及關帝。據〈寶安縣粉嶺鄉彭氏族譜〉記載，該廟的原址是於現廟址，鑒於明末時"無考據年誌"因誤傳風水問題，曾遷往九龍田心，直至 1948 年由該族聘請蔡伯勵擇課將之拆卸，並再於現址重建廟宇[1]。

由於三聖宮是彭族的社廟，故此每年所舉辦的開燈及太平洪朝祭祀活動，村民均"邀請"廟內的北帝、文昌帝及關帝到圍門前空地臨時搭建的神棚中接受供奉。開燈儀式，是為去年族中出生的男丁在神前確認他在族中的地位，以及接受三帝的保佑。該儀式的舉辦日期，每年均擇日決定，但不能遲過正月十五日，即太平洪朝祭祀的日子。現今新界，只有上水金錢村侯氏及粉嶺彭氏仍保留這項祭祀活動。

太平洪朝儀式，由 8 名村民以結婚之年為先後次序輪流擔任"朝首"一職，在喃嘸道士的帶領下完成一系列祭祀祈福活動。在十五日的早上，朝首首先逐家逐戶貼上平安符，以保家宅及六畜平安。之後，各朝首在喃嘸的引領下向眾神朝拜。到中午時份，村民齊集正圍門前空地，搶奪從圍門上的圓孔拋下的雞毛，以便村民將之連同已準備的象徵瘟疫的麻豆[2]、碳等不潔不祥之物，在隨後舉行的"扒船"儀式中將之送走，以完成除穢去邪的儀式。在這過程中，朝首抬著紙紮的大船，向各戶收集這些寓意不潔之物，

三聖宮，位於粉嶺圍的北邊村，曾於 1974 及 2000 年重修。廟內以北帝為最重要的社神，故居於中位。每年的太平洪朝及十年一度的太平清醮，彭氏村民都將廟內的北帝、文昌帝及關帝，請到神棚中給予供奉。

臨時建於圍前空地的神棚，它是太平洪朝活動的主要祭祀場所。

而同時一名上身穿著黑衣、下身穿著綠褶裙的少男（俗稱新年仔）則向它們拜年（說著恭喜發財），寓意新的一年將帶來好運。最後，朝首將所有收集的不潔之物，連同香燭冥鏹在村外火化，以表示災疫已被送走，不能侵害彭族村民。

接著喃嘸在圍門前的空地開壇，然後將所有村民的戶主姓名及禱告文章一同由功曹（紙紮的）送往天庭（以火化形式表達）。到了晚上，喃嘸與朝首向村內的三口古井祭拜，以“潔淨”井水。昔日，族人所飲用的食水主要來自這三口井，故此，祭井這一儀式的重要性可想而知。雖然這些古井已荒廢了，但村民仍堅持這一傳統。隨後，由喃嘸誦讀關文，它是村民向神靈祈求福蔭的文章，而文章所羅列的為族內戶主的姓名。在讀關文時，喃嘸會在各戶主的姓名上塗上雞血，以達通靈及驅邪之用。完成後，喃嘸會將關文送上天庭。

到了午夜，喃嘸進行祭煞，將分別代表東方的綠旗、南方的紅旗、西方的白旗、北方的黑旗，以及中央的黃旗插於神棚各方位，而同時喃嘸亦吹起牛角和拿著錢刀作出祝禱儀式，以鎮壓五方的災害的來臨。

在接近凌晨時份，村民及朝首將寫上彭族戶主姓名以及祈福文章的紅紙貼上圍門牆上，這儀式稱為“貼榜”。榜上的內容是與關文重複的，目的是讓所有村民知道及核實其內容（包括戶主的姓名及數目）。完成貼榜後，喃嘸及朝首便開始唱麻歌。麻歌的內容是有關種麻，用麻造衣服及勸諫行善積德。

到了明天清早，喃嘸便進行“問杯”儀式。擲杯由其中一名朝首負責，他分別以銅杯、木杯及豬腳來占算來年族中人口健康、是非及六畜。占算方式是以擲得一正一負的一對杯子為之“勝杯”，即表示願望獲得神靈的首肯。投擲次數不限，直至“勝杯”出現為止。緊接問杯儀式是劈五方及劈沙羅。前者是由喃嘸手持大型斧頭向代表東南西北各方向的地上寫上一井字，然後燃燒元寶，藉此驅除（以斧頭劈殺）來自五方的災禍。至於後者，喃嘸將已充氣的沙羅（即雄性豬隻陰囊的薄膜），以斧頭劈破，寓意邪穢已被去除，村民得以保平安。

儀式至此，已接近尾聲。朝首們開始把神棚內的花燈和油燈分成8份，然後各自領取1份，並連同盛載了米的米斗帶回家中。油燈放在神媒上繼續燃點，而那些米則由朝首家人食用，寓意將神的庇佑帶回家中，並且豐衣足食。

當各朝首安放好油燈及米斗後，他們便返回圍門前，合力將昨晚貼上牆上的榜文除下，並將之火化。然後朝首聯同一眾村民用神鑾將關帝、北帝及文昌帝送回三聖宮，整個太平洪朝儀式便正式完結了。

從以上的儀式，我們清楚知道太平洪朝是消災、驅邪及祈福三合一的宗教活動，彭族人以8名代表，在喃嘸的引領下為他們宗族祈求神靈的庇佑以及清除災邪[3]。除了宗教功能外，太平洪朝是一種村民得以運用來維持、加強自身對宗族的身份認同的方式。

村民在圍門前搶雞毛的情況，參與的主要是族中的男性。

新年仔由族中的未婚男孩擔任，向村中各戶祈福。

村民將滿載的紙船放在村的外圍邊界準備火化。

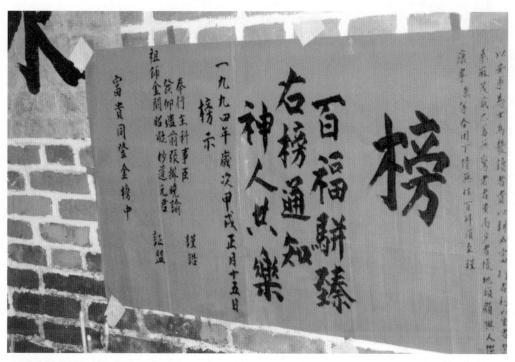

人緣榜的最末段。

喃嘸手執巨斧劈沙羅。

在整個儀式當中，朝首是宗族的代表，他們所做的儀式都是以集體利益為基礎，再加上排除非彭姓族外人（包括居住在粉嶺圍的租客）的參與（就算是扒船亦沒有當地租客的參加），故此，宗族的集體認同便在儀式進行當中不斷的被展示、確立及加強。

蓬瀛仙館

創立於 1929 年的蓬瀛仙館，位於粉嶺火車站旁，依山而建。該館館長丘福雄先生在《蓬瀛仙館創館 70 周年》特刊指出，蓬瀛仙館館名與館徽均有來歷：

蓬瀛、方丈、瀛洲，自戰國以來，世稱蓬瀛三島，為神仙居所。秦始皇曾遣方士徐市（福）自山東半島率眾入海求仙丹。回報云："遙見三島，但有大魚圍其四周，船不能近，乃罷。"自此而神仙之說大盛。道眾以蓬瀛為名，藍本於此[4]。

至於館徽方面：

……取用《周易》地天泰卦為圖案，考地天泰卦，上地下天，依於太極，太極負陰而抱陽，符合道教真義。卦象說明地氣下降，天氣上升，天地合而萬物生，陰陽和而神氣足。泰卦當正月之卦，東風解凍，夭桃始花，萬物生機始暢，有如道心初啟，邁向玄門。且泰卦之象，外陰而內陽。易曰："泰，小往大來（付出少收穫多——事半功倍），吉，亨。象（斷）曰："泰，小往大來，吉，亨，則是天地交而萬物通也，上下交而其志同也；內陽而外陰，內健而外順；內君子而外小人；君子道長，小人道消也。……綜上以觀，以地天泰為圖案，所帶來的未來現象，均是吉兆，主要是各人通力合作，廣招賢士，館務自然蒸蒸日上。故此，道眾取此卦為館徽。[5]

蓬瀛仙館的主要建築，包括有：

一、大殿，位於東西齋之間，又名玉清寶殿，1977 年擴建，改名為兜率宮，恭奉太上道祖、呂純陽祖師及邱長春祖師。

二、元辰殿，為三層建築，1998 年落成，地下是用作供奉先靈的永泰堂，一樓為道教文化展覽廳，二樓為植福樓，是善信祈福之所，而三樓為供奉斗姥元君及六十甲子神。

三、東齋，在創館時已有房舍，1951 年改建，根據其方位命名，再於 1988 年修建，樓下為辦公室，樓上為員工宿舍。

四、西齋，在建館時為客堂，1951 年擴建，按其方位命名，後於 1988 年再行擴建，樓下為員工休息室，樓上為理事辦公室及會議廳。

五、南齋，原為道侶潛修之所，在 1951 年定名為南齋，1986 年擴建為二層，地下為道教文化資料庫，樓上為宿舍。

六、坤堂，為坤道靜修之所，1981 年擴建，現為坤道道長的宿舍。

七、永思堂，1952 年建成，供奉龍門派歷代祖師，1975 年擴建，後來開放給善信供

兜率宮最上層的兩旁均刻有浮游在雲霧上的太極，滲出了道教的基本思想。

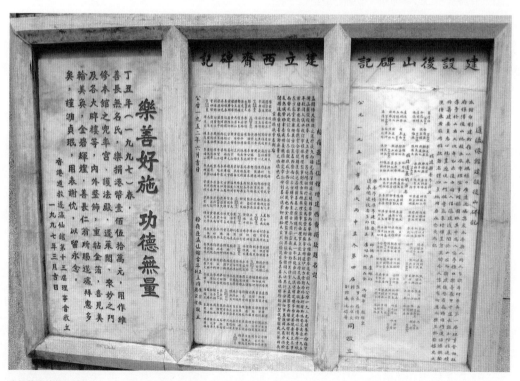

建設蓬瀛仙館的碑記。

蓬瀛仙館的護法大殿，後面的建築為兜率宮。

建築宏偉的兜率宮。

坤堂舊貌。（蓬瀛仙館提供）

建設明台的碑記，立於 1966 年。

位於後山的明台。

太上道德經壁。

眾妙之門，它的前面則刻有"蓬瀛儒館"四字。

第四屆理監事顧問合照（1956-1958）。（蓬瀛仙館提供）

兜率宮內舉行道教儀式的情況。

奉先人及其他祖堂（如1965年落成的從福亭、及先後落成的先悟堂、考思堂、永樂堂、永裕堂、永福堂、積厚堂等）。

八、喜雨樓，為喜雨亭的原址，是遊人享用齋菜的地方。1991年拆卸重建為四層樓房，地下和二樓作為齋菜部，三樓為講道堂和貴賓廳，四樓為功德堂。

九、宗潛道長阮公禪興紀念堂，建於1932年，在1950年重修，上層為蘭台，供遊客休憩（以前曾是會客室之所在地），下層為中藥部，設中醫贈診。

十、明台，1966年建，台內四周上角刻有呂祖乩題詩四首。

十一、太上道德經壁，1994年落成，正面刻有道德經、背面為吳道子朝元圖中三官大帝之部分，側面刻有太上老君十四字養生訣——玉爐燒煉延年藥，正道行修益壽丹）。

十二、軒轅問道圖，1998年落成，刻劃黃帝入崆峒山向廣成子求教治國和修身之道。

十三、十二生肖圖石雕，上部分為館徽，中部是八卦圖，而底部是十二生肖的浮雕，它們依循所屬方位坐落，善信藉此可找尋個人生肖及出生時辰。

十四、護法殿，供奉著道教護法神王靈官。

十五、"眾妙之門"牌坊：眾妙之門一名是出自道德經第一章：通往一切奧妙之門——"眾妙"，萬有也；謂天地萬物是也。"門"，所從而出入者也；謂天地萬物之所從出也。

在通往大殿的梯級的旁邊，置有刻於1952年建西齋的碑記、1956年建設後山的碑記、及1997年一位善長捐款作該館修葺之用。以〈蓬瀛僊館建設後山碑記〉為例，它概述了整個工程的始末，包括了樂善亭、積厚亭、蓬萊閣等建築的落成，以及所籌款項（共合港幣14,470元——其中3,760元是捐建樂善亭，而10,710元是捐建積厚亭，在當年來說數額實屬不少，反映了社會人士對蓬瀛仙館的支持）：

> 本館自創建粉嶺以來規模日廣遠近咸集爰本善與人同之旨於辛卯年由第一屆理事會向政府領得後山地段壬辰年理監事增闢園林其中為八角亭顏曰樂善甲午道長張玉階捐建積厚亭於山右又次年乙未復由同人倡議建蓬萊閣於山左凡諸建設歷有歲時同門道侶慷慨輸將籌建委員悉心規畫遂使山門挺秀氣象增輝置身其間令人悠然有向道之樂至於發揚光大更待來者茲將捐款芳名謹泐貞峯用垂永念是為記
>
> 　捐建樂善亭芳名
>
> 　（刪去）
>
> 　捐建積厚亭芳名

（刪去）

公元一九五六年歲次丙申孟冬第四屆　　　監事長 羅偉鈞

　　　　　　　　　　　　　　　　　　　館長 余康文 同敬立

　　　　　　　　　　　　　　　　　　　副館長 馮耀華

　　蓬瀛的建築，主要是以紅黃二色為主；另外桌椅的佈局則配以八卦形，八寶圖等，以體現道教建築特色。紅色代表火，也指南方，象徵吉祥；而黃色代表土，亦表示中央和尊貴。另外，供奉道教天神、帝君的兜率宮，特點是宏偉壯麗，依照明清宮殿式建築，紅牆黃瓦，殿宇設有台基，並使用斗拱、重檐[6]，琉璃瓦覆頂，以及龍鳳圖案等。再者，兜率宮的屋頂，為高級的歇山式，又名九脊殿。至於裝飾方面，該殿的檐角上擺設了一對昂首闊吻、張嘴向天的"鴟吻"，它們是傳說中的無角獸，一對尾巴翹起便會噴水，設計使其張口咬著屋頂結構上最脆弱的屋背相交處，希望使垂背不往外跌。另外，亦取其噴水特性，望能保護天然木建築，這符合五行各種自然屬性相剋制的方法。

　　由於兜率宮是道教建築，故此，除了常見的裝飾物外（如龍、鳳、獅、鰲魚），在構成屋頂的椽子外端，每條均有一太極符號，而最上層的瓦當兩旁均可看見一個太極在雲霧上，滲出了道教的思想。至於宮內的頂部，則以藍色為主色，並畫有兜率宮的外貌，而宮殿旁邊有雲海及華表[7]等天宮的象徵，而仙鶴在雲海中飛翔，寓意著神仙境界的狀況。

　　再者，在宮前放置一對石獅子（一邊是雄獅，蹄下踏著繡球，另一邊是雌獅，蹄下踏著一小獅），除顯示神威外，亦有"太師少師"道門昌盛的含意。

龍躍頭文物徑

　　它是新界的第二條文物徑，於 1999 年開放供市民遊覽當地鄧族的傳統建築、歷史及發展。文物徑包括松嶺鄧公祠、天后宮、老圍、石盧（並未對外開放）、崇謙堂、麻笏圍門樓、永寧村、東閣圍、永寧圍、善述書室（並未對外開放）、新圍（覲龍圍），以及小坑村。當中，以松嶺鄧公祠及天后宮最為遊客所涉足。

　　松嶺鄧公祠建於 1525 年（明嘉靖四年），紀念開基祖鄧松嶺。它是一所三進三開間的建築物，在新界來說，是少數具規模的祠堂。由於在傳統的中國社會，建祠祭祀是有一定的規範。在先秦〈禮記‧王制〉中，規定"天子七廟"、"諸侯五廟"、"大夫三廟"、"士人一廟，庶人祭於寢"，這表明了社會的不同等級的人對建廟祭祖是受著政府的控制。直至明清，平民百姓亦未准許立廟。再者，宗廟的建築形制亦有所規限。以清為例，三品以上官員可建三進五開間的宗廟，四至七品官可建三進三開間的宗廟，而八九

位於松嶺鄧公祠左面的神龕。

神主及長生祿位，前者以"祖"、後者以"傳"來命名輩份。

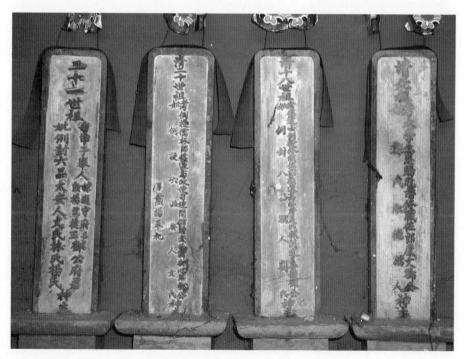

刻有功名的神主牌位，它們放於神龕的右面給予供奉。

品官員只可建二進三開間的宗廟。所以，三進三開間的松嶺鄧公祠反映了鄧族的官宦地位。除這座建築物外，祠堂內安放的神位亦顯示了該族過往的光輝歷史。祠堂的後廳，是擺放祖先神位的地方，它分為三部分：正中安放一世祖元亮公，二世祖郡馬自明與妻皇姑趙氏，以及其後二十多傳各祖先神主，左面供奉對該族有貢獻或功名顯赫的族人，而右面則供奉鄉賢。對於稅院郡馬與皇姑趙氏的故事／傳說，前文已有詳細的討論，而坊間亦常有提及，故此不再贅論。除留意特別刻有龍頭的鄧自明神主外，我們亦值得注意刻有不同類別的功名的神主牌，因為它們的內容，反映了龍躍頭鄧族在科舉上的成績，例子有：

一、邑庠生（邑庠是指縣學），亦即生員（例子有明先祖鄧昭海、明十四世祖鄧隆松、清十六世祖鄧曙昱，清十八世祖鄧楊軒）。

二、國學生，亦即監生，明清兩代在國子監讀書或取得國子監讀書資格的人，他與秀才一樣可應鄉試。取得以上資格的方法有兩種，一是廩監，由祖先的勛勞資歷，以按規定的制度取得；二是例監，以捐納的方式獲得。（例子有：清十六世祖鄧乾入、十六世鄧乾亨、十六世鄧昭陽、清十七世祖鄧信持、清二十世鄧成章、二十一世鄧仁鏡、二十二世鄧耀延。）

三、例貢生（清代科舉制度中不經考選，由生員以捐納銀米而成為貢生），例子有：二十二傳鄧發□，十八世祖鄧若愚。

此外，還有：清十八世祖例貢生例贈布政司理問鄧魯亨、二十世祖例授職佐郎候選儒學鄧昭甫、二十世傳例授都閫府候選游擊名履中號鄧敬甫、明十八世祖例授迪功郎候選縣右堂鄧孚公、二十一世祖例授儒林郎候選直隸分州鄧□波、清十八世祖歲進士晉階修職郎候選儒學鄧□勳、等等。鄧族通過這些神主，一方面表達了傳統的慎終追遠的觀念，另一方面作為一種文化手段來彰顯宗族的光輝歷史及地位，尤其以明清兩代最為明顯。

在眾多神主牌位中，我們不難發現有一些是以"傳"而不是"祖"的方式來記錄，如"廿四傳鄧公樹培長生祿位"、"二十傳國學生鄧灼山長生祿位"、"二十傳各貴賢字國臣鄧公長生祿位"等等，表示了他們一般是通過捐獻方式，尤其藉著祠堂修葺期間，將自己及妻子的神位添放這個地位崇高的宗祠，受著族人供奉。

由於不是每位鄧族族人死後，其神位也必定被安放在祠堂供奉，所以得以在祠堂被供奉的，都是對宗族有著貢獻的族人（不論是通過科舉考試或捐納而獲得官銜功名以提升族望，或是以捐款方式幫助修葺宗祠）。無疑，松嶺鄧公祠是當地鄧族的集體祭祀，身份認同的地方，在昔日它亦是族中議事，仲裁之地，即是說宗祠是一個集體的標記，向族外人展示了鄧族作為一個血緣群體的團結性。但同時，宗祠亦是族人之間互相比較及突顯地位差異的場所，因為在宗祠內被供奉的都是只限於在族中享／具有優越地位

時惟仲春歲次辛酉為重修龍躍頭天后古廟之
適期完竣乃蒙各界善信熱心善舉綿力
持尤幸古廟得如期落成使各界善信刻碑記名高懸
所為善最樂福有攸歸茲將善信
暨上以資景仰以勵來茲

鄧宗和祖二萬元　鄧龍岡祖　一萬元
鄧富華五佰鎊　粉嶺鄉事委員會　伍仟元
聯和置業公司　陳祺松
彭駿然
鄧忠維　二佰鎊　鄧國容　各捐三仟元正
鄧根年　鄧柱田
鄧伯勝　李鏡祺　善述堂　林豐建築公司
鄧堅喜　鄧作偉　梁漢　蓬瀛仙館有限公司　各捐二仟元
鄧華福　張日海　各捐一佰元
鄧集祥　鄧錫鈞　各捐一佰鎊
鄧金貴　鄧繼鴻　鄧愛兗　鄧信平　鄧永禪　高劍清
鄧繼鴻　文春來　黃喜梅　鄧永欽　李滿　各捐一仟元
段梁麗鑾　潘記寶號　旭照有限公司　梁華根

派英泉兄弟共捐二仟八佰三千七鎊
折港幣三萬四仟一佰壹拾一元一毛六
連同其他不足千元之數共得捐致
計拾六萬叁仟九佰捌拾元三毛六

龍躍頭鄉天后古廟籌建委員會
名譽會長鄧伙興會長鄧金貴　鄧國容　何炳寅
　　　　　　　　主席鄧根年
　　　　　　　　　　　鄧伯勝

一九八一歲次辛酉仲春吉日立
暨全體籌建會全人立

重建天后宮的捐款碑記。

村民亦奉祀了對鄧族有恩的清代兩位廣東官員 —— 周有德及王來任。

在宮內供奉的十二奶娘。

（政治及經濟）的族人。以清二十世祖鄧心銘為例子，他捐納的布政使司理問一銜，在乾隆三十九年（1774）售 1,710 兩，該款項在當時的廣州城可購買 1 千多石的中米（每 1.6 兩可買 1 石中米），以平均每人 1 千多石中米為糧食消費來評估，這一官銜的價值足以反映該家族的富裕程度。雖然該官銜只是虛銜，但它通過在鄧族中最高地位的宗祠裡展示於族人面前及為後世所供奉，這正好表現了鄧心銘該房的優越經濟及家族中的尊貴地位。

繼松嶺鄧公祠，隔鄰的天后宮亦是旅客經常參觀的地方。據田仲一成指出，天后宮創建時與重修的證物已不存，現存建築為民國 2 年（1913 年）重修時所建，在 1981 年又再改建一部分。天后是鄧族的社神，在每年的元宵祭祀、三月廿三的天后誕，以及十年一度的太平清醮，祂都受到族人的特殊崇祀。天后宮的正殿供奉了天后，它的左偏殿供奉了周有德及王來任二人，而右偏側殿則奉祀了十二奶娘（掌管生育）。周有德是清朝的兩廣總督，而王來任是廣東巡撫。前文已經詳細提及兩人對廣東當地居民所作出的貢獻，而鄧族人亦是受惠的一群，故此，為答謝周王二人，族人於是在天后宮安放二人供奉。

天后崇拜在廣東、福建及台灣地區廣泛流行，由於天后的過往事蹟而被人們解說為漁民的守護神，故此一般認為奉祀天后的只限於以打魚為生的人。無疑，香港的天后廟大多建於漁民聚居地，但其實建廟及參與廟宇事務的是來自不同的社會階層，而他們的參與亦不限於對天后祈求與海事有關的事情，同時亦包括對家庭、個人身體、前程、金錢等等問題。所以，昔日以農耕為主的鄧族亦建廟供奉天后，以獲得祂的庇佑。

雖然天后宮由龍躍頭鄧族所擁有及管理，但重修的資金除了來自鄧族（包括其公有嘗產──以祖和堂名義設立的及個人名義的捐款）外，還包括非鄧族村民或組織、甚至是海外的捐款。細心分析該次捐款的人數及金額，不難發現非鄧姓族人在是次重修的資金籌集中扮演一個很重要的角色。

崇謙堂社區的建立與發展

該村舊名松堂，在光緒二十九年（1903 年）由凌啟蓮於當地購置田產，開拓村落。光緒三十一年（1905 年），彭樂三被巴色差會派遣當地傳教，但在繼後的 7 年裡，因 "……家務紛繁。不獲專心教會職務。乃辭職。別營生業。" [8] 於是由張和彬接任。彭樂三後來與凌啟蓮合資興建乾德樓，該樓於 1910 年落成，凌啟蓮攜同家人入住。繼後，徐仁壽（當時為香港華仁書院校長）、丘道安、徐光榮、徐光宗、張和彬等人亦陸續遷來，結為鄰舍。

彭樂三在崇謙堂村定居後，發現該村及鄰近村落並無具規模的學校，於是在 1913 年

乾德樓內彭樂三故居大廳的擺設，包括了彭樂三的 63 歲壽辰畫像及祝壽匾額。

1927 年崇謙堂開幕紀念照。（轉載自《從謙學校 80 周年校慶》特刊，2004 年）

1925 年從謙學校開幕。（轉載自《從謙學校 80 周年校慶》特刊，2004 年）

從謙學校第一屆（1956-1958）校董會成員：徐聲祥（前排左 1）、徐仁壽（前排左 3）及徐家祥（前排左 5）。
（轉載自《從謙學校 80 周年校慶》特刊，2004 年）

從謙學校老師、校長徐聲祥（前排左 4）及校監徐家祥（前排左 5）。（轉載自《從謙學校 80 周年校慶》特
刊，2004 年）

發起籌建校舍，命為"穀詒書室"，以客家話教學，而聘任的老師主要是來自受教於國內的客家學者。書室成立不久，鄰近鄉村如蓮塘尾、九龍坑、南華甫、流水響等地來校報讀人數眾多。當時學費為銀幣 5 元，但家境貧苦的子弟，則酌收稻穀一石。由於書室規模細小，只能容納 40 餘學生，致令眾多報了名的村童不能入讀，彭樂三、張和彬及凌善元（凌啟蓮之長子）等人於是會同徐仁壽向新界鄉紳籌募經費，最終在 1924 年得以建設新校舍，並命名為"從謙學校"。校舍建築費為 1 萬元，其中政府津貼 2 千元，彭樂三捐款 1 千元，其餘則靠各界熱心教育人士捐助。在 1925 年，校舍落成，當時教室及教師宿舍均有兩間。在開校首年，只辦初級小學，以彭樂三及徐仁壽為校監。到第二年才增設高級小學。該校為新界區首間接受政府支助的津貼小學。

據《從謙學校 80 周年校慶》（2004）特刊指出，在日佔期間（1941-1945），學校被日軍佔用為辦事處，而其中部分教室更被用作監禁盜賊。重光後，由於學校設施大量遭到破壞，故此復課時間推遲至 1946 年 2 月，期間得徐仁壽等人四出張羅，修復課室，並於該年年底註冊為有限公司。戰後，學校亦開始聘用操粵語的老師授課。

由於入讀學生人數驟增，校舍不敷應用，復課後 4 年，徐仁壽於是發起重建校舍。與政府磋商長達 5 年之久，最終建議獲得接納。當時校長一職已由徐先生的兒子徐聲祥擔任，而他另一兒子徐家祥（當時為副華民政務司）則出任校監。1959 年學校重建竣工。到了 1965 年，當時新界區學額仍普遍不足，而該校學生不斷增多，於是由校董會決定向政府申請第二期擴建校舍，並在現有的 6 個課室和教員室上加建一層，即現在的校舍。工程在 1967 年完成，合共有 14 個課室供教學之用，以上下午班共開 24 班授課，學生將近千人。

彭樂三對地方建設的貢獻，還包括籌建從謙橋。他指出，鑒於崇謙堂村居民往返上水粉嶺，必須經過現在的安樂村，而兩村之間，相隔著一條小河：

"雖盈盈小水。平時不難履涉。但當山洪暴發。或春雨連綿時。則滔滔之勢。亦足驚人。通路處原有木橋。惟因年久未修。加以來往經過是橋者。絡繹不絕。尤以就讀從謙學校之鄰村學子。每日往返所必經。"[9]

當時彭樂三考慮到村民及學生的安全，於是在 1926 年向大埔理民府申請改建木橋，但當時的工務司因工務繁忙而未暇辦理。至 1928 年，因山洪暴發，穩固橋樑的基石被沖走，適值有鄧姓學童經過而溺斃。其實，在事發前一年，政府已對保護該橋作出如下聲明，告示村民：

　　大埔理民府傳　　　為

　　　出示曉諭事。照得從謙學校。附近橋樑兩岸。係屬重要地段。業經該校主
　　彭樂三等。建築基壆。種植竹木。以圖保護。乃聞無知鄉民。貪圖利便。罔顧

1952 年，從謙學校第七屆畢業生合影留念。（轉載自《從謙學校 80 周年校慶》特刊，2004 年）

於 1930 年樹立的兩塊石碑，左邊的一塊刻上了當時大埔理民府的告示，就兩村通道的規範作出說明及指引。《大埔理民府告示》：大埔理民府告示第十號 為布告事照得此路乃是安樂村入崇謙堂公路，所有牛隻，不准繫於該處，以免阻礙行人，毀壞道路。各宜凜遵勿違。切此此布。 一九三四年三月八日理民府微家理（作者按：為當時理民府官 T. Megarry 的譯音）。

1928 年興建的從謙橋。（轉載自《從謙學校 80 周年校慶》特刊，2004 年）

公益。擅在該地挖取砂石。實足破壞基墅。危害橋樑。殊屬謬妄。為此論爾鄉民人等知悉。自後無論何人。不得再向此間挖取砂石。貽害公益。各宜凜遵。毋違。切切特示。

大英一九二七年拾二月拾九日示[10]

最終，由於學童溺斃事故發生了，政府不得不決意改建橋樑，於是允助 900 元，並限令在一個月內完成工程。除政府的資助外，各村鄉民亦慷慨解囊，促成了從謙英坭鐵石屎橋的興建成功。但隨著歲月的流逝，在今天的崇謙堂村與安樂村之間，已沒有了該橋的蹤影，取而代之的是一座更為闊落、更堅固的鋼筋混凝土大橋。

重建從謙英坭石屎橋樂捐芳名

英政府玖百員	鄭桂夫人廣東紙一百五拾員	林恭堂一百員	彭樂三百員
徐仁壽七拾五員	陳桂才六十員	鄧坤亮六拾員	賴榮麟伍拾員	馮其焯五拾員
丘道安五十員	凌善元五十員	丘毓香四十員	徐兆志弎拾員	廖焯南弎拾員
彭善國弎拾員	彭德龍弎拾員	曾庭輝弎拾員	張和彬弎拾員	凌品忠弎拾員
廣新公司拾員	陳殿熙十員	徐仁懷十員	溫達華十員	鍾金桐十員
彭彥卿十員	卓恩光十員	陳育成拾員	江仕華伍員	俊昌店拾員
何葶樓十員	陳水姐拾員	德和店五員	朱福記伍員	廖豐寧五員
業輝俊五員	張義恩拾員	凌怡霄弎員	凌慶霄弎員	鄔炳南弎員

合上四十柱共捐銀一千九佰七十六員
支造英坭鐵石屎橋碑共該銀一千玖百一十六員
支鋪往講堂路石該銀陸拾員
合上弎柱共支銀一千九佰七十六員
一九弎八年十二月十一日　　　　　　　　　　　經理人彭樂三

〔1〕〈寶安縣粉嶺鄉彭氏族譜〉，1989 年，頁 42。

〔2〕參看 David Faure, *The Structure of Chinese Rural Society: Lineage and Village in the Eastern New Territories, Hong Kong*, Hong Kong: Oxford University Press, 1986, p.76.

〔3〕參看區達仁、張瑞威，〈粉嶺太平洪朝〉，載《華南研究》，第 1 期，1994 年，頁 24-38。

〔4〕《蓬瀛仙館創館 70 周年》特刊，頁 75。

〔5〕同註 4。

〔6〕侯幼彬，《中國建築美學》，黑龍江科學技術出版社，1997 年，頁 69，"重檐是在基本型屋頂下部重疊檐而形成的。關於重檐的做法，在〈營造法式〉中列出了兩種方式，一是副階式重檐，是通過周邊加建廊屋而成的，這種重檐在增加屋檐的同時也增添了副階空間。二是纏腰式重檐，是緊貼檐柱外側另立柱、舖作，挑出下檐，這種重檐只增加屋檐而沒有增添空間。明清時期主要沿襲副階式重檐的做法，以周圍廊的圍合庇形成重檐，而淘汰了纏腰式重檐。民間建築中則相當靈活，常有添加披檐而呈現近似重檐形象的做法。重檐的作用在於擴大屋身和屋頂的體量，增添屋頂的高度和層次，增強屋頂的宏偉感和壯嚴感，並調節屋頂與屋身權衡比例。因此重檐主要用於高等級的廡殿、歇山和追求高聳效果的攢尖頂，形成重檐廡殿、重檐歇山和重檐攢尖三大類別。"

〔7〕"華表"古稱"恆表"，大概是部落時代的一種圖騰的標誌，以一種"望柱"的形式出現。參看李允鉌，《華夏意匠：中國古建築設計原理》，台北：明文書局，1981 年，頁 65。

〔8〕彭樂三，《香港新界龍躍頭崇謙堂村誌》，1934 年，頁 1。

〔9〕《從謙學校 80 周年校慶》特刊，2004 年，頁 30。

〔10〕同註〔9〕，頁 31。

著者簡介

劉效庭，香港中文大學歷史系碩士，曾任北區中、小學校長逾 10 年、北區區議員，以及新界鄉議局顧問。

招子明，祖籍廣東南海，畢業於上海外國語學院，後赴美在俄亥俄州立大學取得語言學碩士和人類學博士學位。現執教於紐約州立大學堅尼西歐學院人類學系，並主持院內語言學學科。研究興趣包括華南和中國的宗族結構與變遷，傳統的異化和現代化的繼承，言語分析等。著有 *Politics at Lung Yeuk Tau: The Invention or Reinvention of Tradition?*（《中國人類學的理論與實踐》，香港：華星出版社，2002），*CV Variation Studies and Situational Optimality*（合著）（*Journal of Linguistic Anthropology*, 2004）等。近期參與撰寫 *Encyclopedia of Contemporary Chinese Civilization, 1949-Present*（Westport, CT: Greenwood）。

陳蒨，於英國牛津大學取得社會人類學博士學位。曾任新加坡國立大學社會學系助理教授，現任香港樹仁大學社會學教授、大學研究總監及當代中國研究中心副主任。研究涉及香港、台灣、中國大陸及新加坡，領域包括文化遺產、集體回憶與身份認同、宗教與旅遊和家庭與宗族。近年主要的著作有 "Tea cafes and Hong Kong identity: Food culture and hybridity", *China Information*, May 1-18 (2018);《潮籍盂蘭勝會：非物質文化遺產、集體回憶與身份認同》，香港：中華書局（2015）; *Building Temples in China: Memories, Tourism and Identities* (Chan, S. C. and Graeme Lang), London: Routledge (2015); "Cultural Governance and Place-making in Taiwan and China", *The China Quarterly*, 206 (June): 372-390 (2011).

Nicole Constable，美國匹茲堡大學人類學系教授，1989 年獲美國加州大學柏克萊分校人類學博士學位。著作有：*Christian Souls and Chinese Spirits: A Hakka Community in Hong Kong* (U. California Press, 1994); *Maid to Order in Hong Kong: Stories of Filipina Workers* (Cornell U. Press, 1997); 以及 *Romance on a Global Stage: Pen Pals, Virtual Ethnography, and "Mail Order" Marriages* (U. California Press, 2003)。擔任編輯作品有：*Guest People: Hakka Identity in China and Abroad* (U. Washington Press, 1996) 及 *Cross Border Marriages: Gender and Mobility in Transnational Asia* (U. Pennsylvania Press, 2005)。

游子安，香港中文大學哲學博士（中國歷史）。曾任教於香港樹仁大學、香港城市大學、香港中文大學，現任珠海學院中國文學系副教授暨香港歷史文化研究中心副主任、國際亞細亞民俗學會香港分會會長、香港特別行政區古物諮詢委員會成員、非物質文化遺產諮詢委員會成員、嗇色園文化委員會成員。著有專書《勸化金箴——清代善書研究》（1999）、《善與人同——明清以來的慈善與教化》（2005）、《善書與中國宗教：游子安自選集》（2012）；主編《道風百年——香港道教與道觀》（2002）、《香江顯跡——嗇色園歷史與黃大仙信仰》（2006）、《弘道展慈：香港道院及紅卍字會八十周年紀慶》（2011）；與蕭國健合編《鑪峰古今：香港歷史文化論集》系列、與張瑞威主編《細味香江系列》等書。研究領域為明清時代善書與慈善事業、華南與東南亞地區道教與民間宗教、民俗與非物質文化遺產。

陳國成，英國倫敦大學亞洲及非洲研究學院人類學博士，現任香港浸會大學社會學系副教授。研究興趣為華南宗族社會與組織、財產管理和轉移、宗教旅遊與身份政治、抵押習俗，以及福利人類學。研究地區包括香港、澳門、台灣及福建。著有 "The Regulation of Customary Practices under Colonial Administration: Kinship and Mortgages in a Hong Kong Village", *China Information*, 29(3), 2015, pp. 377-396;〈宗教節慶與文化產業：澳門媽祖文化旅遊節〉，文載《媽祖信仰與華人的海洋世界》，澳門中華媽祖基金會編輯及出版，2015，頁 420-432；*A Localized Culture of Welfare: Entitlements, Stratification, and Identity in a Chinese Village*, 2012, Lanham, Maryland: Lexington; "Traditionality and Hybridity: A Village Cuisine in Metropolitian Hong Kong", *Visual Anthropology*, 24 (1), 2011, pp. 171-188;〈福利人類學〉，文載《西方人文社科前沿述評》，招子明、陳剛主編，中國人民大學出版社，2008，頁 273-288。曾出版新高中通識教育參考書，計有:《朗文新高中通識教育：現代中國》（與胡敦霞、梁懿雯、鄭紀原、陳炳文合著），2011，朗文香港教育;《朗文新高中通識教育：中華文化與現代生活》（與鄭紀原合著），2009，朗文香港教育;以及 *Longman New Senior Liberal Studies: Chinese Culture and Modern Life*, co-authored with Cheng Kei Yuen. Longman Hong Kong Education, 2009.

鳴謝

(以筆劃排序)

吳志先生	政府檔案處，歷史檔案館
志賀市子博士	香港特別行政區政府
李國鳳先生	粉嶺南海同鄉會
杜伍照華女士	粉嶺區鄉事委員會
林壽洪先生	粉嶺蔬菜產銷有限責任合作社
馬木池先生	粉嶺聯和商會
張漢韶先生	從謙學校
陳永海博士	普善堂
陳溢晃先生	蓬瀛仙館
陳漢林先生	
麥錦恆先生	
彭坤祥先生	
彭禮信先生	
曾忠南道長	
程西平先生	
歐陽鳳珍小姐	
鄧根年先生	
蕭國健教授	
謝東泉先生	
譚見強先生	